客観性の落とし穴

村上靖彦 Murakami Yasuhiko

★——ちくまプリマー新書
427

目次 ＊ Contents

はじめに

大学一、二年生に向けた大人数の授業では、私が医療現場や貧困地区の子育て支援の現場で行ってきたインタビューを題材として用いることが多い。そうしたとき、学生から次のような質問を受けることがある。

「先生の言っていることに客観的な妥当性はあるのですか？」

私の研究は、困窮した当事者や彼らをサポートする支援者の語りを一人ずつ細かく分析するものであり、数値による証拠づけがない。そのため学生が客観性に欠けると感じるのは自然なことだ。一方で、学生と接していると、客観性と数値をそんなに信用して大丈夫なのだろうかと思うことがある。「客観性」「数値的なエビデンス」は、現代の社会では真理とみなされているが、客観的なデータでなかったとしても意味がある事象はあるはずだ。

　数値に過大な価値を見出《みいだ》していくと、社会はどうなっていくだろうか。客観性だけに価値をおいたときには、一人ひとりの経験が顧みられなくなるのではないか。そのような思いが湧いたことが本書執筆の動機である。

　とりわけ気になるのは、数値に重きがおかれた結果、今の社会では比較と競争が激しくなったのではないか、ということだ。

　先にもあげた私の授業では、対人援助職のみなさん、そして身体障害の当事者、薬物依存から刑務所を経験した方、差別を受けた方といった人たちをゲストにお呼びしている。大学に入ったばかりの若い学生を前にして、生命とは何か、死を看取《みと》るとは、あるいは差別や障害はどのように現代の日本において問題なのかを考えてもらうようにしている。そこで学生から次のような質問を受けることがある。

「誰でも幸せになる権利があると言うが、障害者は不幸だと思う」

そもそも障害とはなんだろうか。しばしばimpairmentが器質的な欠損としての障害であるのに対してdisabilityは環境が整っていないがためにできないことが生じてしまう障害を指す。

地方で生活している人が、自家用車を持たずに不便であるときに「障害」という言葉は使わないだろう。ところがエレベーターがないと上の階に上れない車いすユーザーは「障害者」と呼ばれる。エレベーターという環境さえ整えば不便は生じないはずだ。disabilityとはこのような事態である。環境の整備によって、ある場面では障害が生まれ、ある場面では生まれない。あるいは、ろうの人たちは、ろう者のグループのなかでコミュニケーションを取るときには不自由はない。ところが聴者の社会のなかに入った途端に「聴覚障害者」として不便を被り場合によっては差別を受ける。つまりdisabilityとしての障害から考えたときには、環境を整えるか整えないかという社会の側の姿勢が問われるのだ。

もし「障害者は不幸だ」としたら、それは社会の側の準備の問題である。さらには、幸せ／不幸せの基準をどこに置くかを他人が判断できるのだろうかという疑問も残る。

貧困について議論していた授業で、生活保護をめぐってこんなコメントが来たことがある。

「働く意思がない人を税金で救済するのはおかしい」

私たちは汗水垂らして働きながらわずかな収入を削って税金を納めている。たしかに苦労している私が払った税金で「働く意思がない人」を助けるというのは腹立たしいかもしれない。

でも、もしかすると、「働く意思をもたない」人にはなにかの事情があるのかもしれない。フィールドワークのなかで、うつ病で朝起きることができないひとり親家庭に出会うことがあった。その母親は、パートナーのＤＶから子どもを連れて逃げてきて、暴力の後遺症でうつ病に苦しんでいた。

精神障害や発達障害といった事情ゆえに、安心して働く環境を手にすることができないならば、それは社会の側が排除しているのかもしれない。働きたいと一度は思ったが、働けるチャンスがないため働くことをあきらめる人もいる。社会のほうが、働きやすい環境を作ることを困難にしているのだとすると、社会が生活を支えることは自然なことだろう。

おそらく学生たちのコメントは私たちの社会の代表的な意見でもあり、私自身もかつては同じように考えていた。学生が、社会的に弱い立場に追いやられた人に厳しいのは、そもそも社会のなかにそのような厳しい視線が遍在しているからだ。そして、その言葉のなかに社会をどのように考えていくとよいのか、どう行動したら私たち自身が生きやすくなるのかのヒントもある。そこで、本書では、私たち自身を苦しめている発想の原因を、数値と客観性への過度の信仰のなかに探る。

一見すると、客観性を重視する傾向と、社会の弱い立場の人に厳しくあたる傾向には、直接の関係はなさそうだ。しかし、両者には数字によって支配された世界のなかで人間が序列化されるという共通の根っこがある。そして序列化されたときに幸せになれる人は実のところはほとんどいない。勝ち組は少数であるし、勝ち残ったと思っている人もつねに競争に脅かされて不安だからだ。

さらには、こういった社会への厳しい視線は、学生自身を苦しめている。なぜなら、自分自身を数字に縛り付けて競争を強いるからである。かつて私もそうだった。競争することが社会のなかで大事なことなのだと思いこんでいた。私が教える学生たちの多くも、競争へと駆り立てられ自分で自分を苦しめている。この数字と競争への強迫観念から解放されることで私自身も楽になった。

とはいえ数字を用いる科学の営みを否定したいわけではない。数字に基づく客観的な根拠はさまざまな点で有効であるし、それによって説明される事象が多いことは承知している。それでも、数字だけが優先されて、生活が完全に数字に支配されてしまうような社会のあり方に疑問があるのだ。数字への素朴な信仰、あるいは数値化できないはずのものを数字へと置き換えようとする傾向を問いなおしたい。

本書前半は、客観性と数値化がテーマとなる。

第1章では、客観性という発想が生まれ、自然の探究が客観性の探究と同一視されるにいたった歴史を振り返る。

第2章では、自然だけではなく社会や心理までもが客観的に考えられるようになり、それにともなって現代社会に生じた帰結を考える。

第3章では数値による測定が誕生し、真理が数値で表されると考えられるようになった歴史を振り返る。

第4章では、数値が重視された帰結として、役に立つことへの強迫観念が生じ、序列と競争が社会のルールになっていく経緯を追う。現代社会の差別と排除は、数値への信仰と切り離しては考えられない。

本書後半は、客観性と数値化への過剰な信仰から離れたときに、では、どのように考えていったらよいのかを提案する。

第5章では、客観性と数値が重視されるなかで失われた一人ひとりの経験の重さを回復するために「語り」を大真面目に受け取ることを提案する。そして個別の経験と語りを大事にすることが何を復権するのかを考える。

第6章では、偶然性とリズムという視点から、客観的で数値化される時空間とは異なる経験の時間を考える。客観性から切り離された水準で経験の姿を位置づけたい。

第7章では、一人ひとりの視点から経験を解き明かす思考の一つとして「現象学」という技法を紹介する。

結論の代わりとなる第8章では、競争と数字にもとづく非人称的な制度ではなく、ケアにもとづいて顔が見える関係から社会を作っていく可能性について考えて本書を閉じたい。

第1章　客観性が真理となった時代

1　客観性の誕生

痛みの客観化

本書の前半では、科学的真理が絶対化し、人間の経験をも科学的妥当性と数値で測ろうとしてきた私たちの世界で何が起こったのかを考える。第1章では、真理そのものと同義語のように使われている「客観性」がどのように生まれたのか振り返り、客観性こそが真理であるとみなされるにいたった流れをみていきたい。

客観性への過剰な信頼について、私が違和を感じ始めたのは、研究のなかで医療と関わるようになってからである。医療は客観性を非常に重んじる分野であり、客観的なデータの積み重ねから診断や治療法を改良していくのだが、がん看護を専門としている看護師にインタビューしたときに次のような場面があった。

春木さん　とても印象的な膀胱《ぼうこう》がんの末期の患者さんがいて、私はまだ二年目の看護師だったんですけど、先輩の看護師さんが、「あの人、痛そうじゃないよね」っていう話をするんですけど、私が患者さんのベッドサイドに行くと、「痛い」っていうんですよね。「痛い」って言ってるから「何とかしてあげたい」と思うんだけれども、まあ先生と相談していろいろと対処するけれども、また違うスタッフになると、痛み止めが使われないまま来ていて、私、また受け持ちで行くと、「痛い」って言うんですよね。だから、「あれ、なんでこんなことになっちゃうのかな」と思って。でも「あの人は痛そうじゃないから」っていう、客観的な先輩ナースの感じ方と、「でも本人が「痛い」って言ってる以上、痛いよね。なんかしなきゃいけないんじゃないか」って思う、なんかそこのなんか違いみたいなものがまずあって。

で、ドクターに相談しても、ひどい先生なんかだと「気のせい」みたいなこと言ったりするわけですよ。「あの人、痛いって言ってるけど、そんなに痛そうじゃないよね」とか「気のせいじゃない？」みたいなこと言うときに、「どうしてそうなっちゃうのかな」っていう感じがあって。

患者の「痛い」という訴えが、検査データを見て客観を装う医療者の判断によって無視される。このように客観性の名のもとに患者本人の声がないがしろにされる場面は、医療現場の取材のなかでときどき見聞きするものである。

一人ひとり個別の経験の価値が下がったとき、経験の意味はどのようなものになるだろうか。以下では、科学的な客観性による支配がどのように成立したのかを歴史的に振り返ることで、私たち一人ひとりの経験が消されていくプロセスを確認していこう。

二〇〇年弱の歴史

自然、社会、時間、心というように世界のありとあらゆる事象は一九世紀から二〇世紀にかけて客観的にとらえられるものとなっていった。そこから客観的な事象こそが真理であるという現代人の多くが共有する発想が生まれる。ところが客観性が支配する世界はたかだか二〇〇年弱の歴史しか持たない。科学史家のダストンとギャリソンの『客観性』というタイトルの本によると、一九世紀半ばに出版された書物でようやく客観性という言葉が普及しつつあったという。

イギリスの文人トーマス・ド・クインシーは、一八五六年の『阿片常用者の告白』の第二版で「客観性」について以下のように書くことができた。「この言葉は、一八二一年（初版の出版年）にはほとんど理解できず、あまりに高度にスコラ学的で、その結果、なじみある日常の言葉のなかではあまりに衒学的であり（以下略）」[*1]

どうも客観性という言葉は一九世紀はじめには新語であったものの一九世紀半ばには普及したようなのだ。

「客観的 objective」という言葉は、昔から存在はしたが、一七世紀には「主観的」という意味をあらわしていた。例えば哲学者のデカルト（一五九六—一六五〇）は、一六四一年に出版した主著『省察』のなかで realitas objectiva という概念を用いた。[*2] 現在の語感ではオブジェクトに関わるのだから「客観的実在」と訳せそうに思えるが、実際には「思い描かれた実在」のことだった。神の観念は他の観念よりも多くのrealitas objectivaを含みこむ、というような言い方がされる。realitas "objectiva" は私が思惟《しい》する観念の内容物であり、"主観的な" ものなのだ。

客観的なデータこそが正しいというのは今ではあたりまえの感覚だが、歴史のなかで徐々に生まれた発想だ。当時、科学の研究成果を公共の場で保証する要請がでてきたときにモデルとなったのが裁判による評決だったという。一七世紀のロンドン王立協会では、実験に、権威のある学者が立ち会い、信憑性《しんぴょうせい》を証言することで真理を判断していた。

〔権威のある〕古典の記述に反する個人の体験は単なる逸脱と捉えられ、「真の経験」とは認められない。実験室における個人的経験を公共的知識へと変換することが、ヨーロッパ各国のアカデミーの共通課題となったのも、そのためである。「裁判の〔証言を模した〕レトリック」は、まさにこの問題に対する解決策だったのである。*3

近代的な意味での科学的探究が始まった一七世紀は、時間に余裕がある貴族たちが科学の中心だった。キリスト教会が強かった当時、聖書およびアリストテレスの教えが「古典」として絶対的な権威を持っていた。ところが近代の科学的探究は、（地動説を唱えたコペルニクスやガリレオの例を始めとして）教会が認定する真理とは相容《あいい》れない結果をもたらすことになる。このとき神の権威とは異なる権威が必要とされるようになる。

一七世紀には、まず証言者の権威によって真理が保証された。「『人間の証言』を『事物の証拠』よりも優先する」のだ。[*4]

しかしながら、次第に権威ある学者による証言に代わって、機器による測定によって真理が決められるようになる。ガリレオ（一五六四―一六四二）がピサの斜塔から重さの異なる大小の球体を落下させて同時に着地することを示し、「気体の体積は圧力と反比例する」というボイルの法則で知られるロバート・ボイル（一六二七―一六九一）が空気ポンプ実験を行うというように、実験による客観性が生まれた。次第に目撃者の証言からは独立して、「客観的」に真理が成立することになる。

その後、実験室が多くの大学で設置されるようになった一九世紀にいたる歴史のなかで、測定が重視されるようになる。[*5]

客観性の大事な要素であるこの測定についてもう少し歴史を振り返ってみよう。

2 測定と論理構造

真実を映す図像

二〇一四年に、動物細胞をある種の酸に浸《つ》けることによって、あらゆる細胞へと分化しうる万能細胞になるという「発見」がなされた。しかし、それを証明した論文は画像の修整や捏造《ねつぞう》が明らかになり、論文が撤回された。[*6] このSTAP細胞事件は図像が客観性を保証するという社会的な合意を逆手に取るものだったといえるだろう。

科学は図像を多数用いてきた。顕微鏡を用いた細菌学や、fMRIのような大規模な機械によって臓器を撮影する医学や神経科学が顕著な例であろう。つまり現在でも図像は客観性を保証する手段となっている。同時にこの客観性は、写真を加工することや、都合のよい実験結果だけをデータとして採用することで比較的容易に結果をゆがめるこ

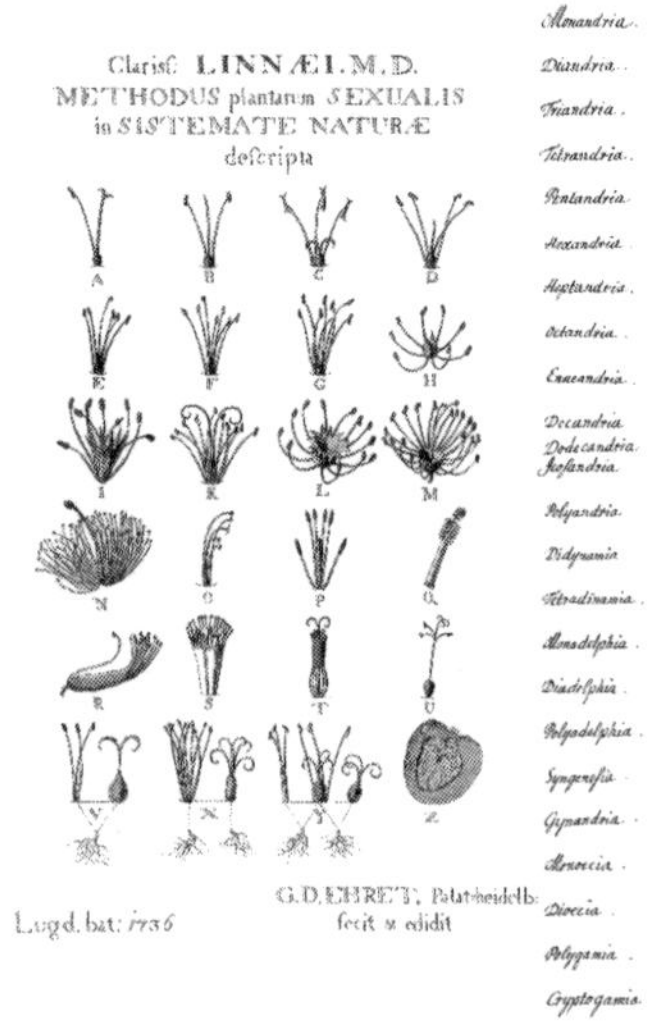

ゲオルク・エーレット*8による図像（図1）

とができる。

美しいデッサンを多数残した一八世紀から一九世紀前半までの自然科学は、実は目の前にあるサンプルを忠実に模写していたわけではなく、理想形を描いていたという。つまり客観性を求めたのではなく、自然の本性の定着をめざしてきたのだと、先ほど取り上げたダストンとギャリソンは論じている。*7 偶然による誤差や奇形に満ちた具体的自然ではなく、神が創造した自然が表すはずの美しい真実truth、理念を描くことが求められた。現代ならば「捏造」と言われる理想的な図像こそが、真理を表現するのだ。

スウェーデンの博物学者カール・リンネが作成した植物図鑑も「客観的とはいいがたい」ものだったという[*9]。正確にサンプルを模写するのではなく、特徴を強調して草花の一般的な姿を提示するのだ（図1）。「リンネや啓蒙期《けいもうき》の学者たちが依拠した規範は、客観性ではなく本性〔自然〕への忠誠（truth to nature）だったのである」[*10]。科学者とは、神が創造した自然の理念へと直観的に一気に到達する人物のことだった。この直観を一八世紀の学者は図像化しているのだ。

機械によって測定された客観性

神の権威が弱くなるなか、一八世紀後半の啓蒙思想やフランス革命以降の西欧社会において、学問の真理は神が保証するものではなく、自然そのものの現れにおいて確かめられる必要が出てきた。自然の理念を描くのではなく、自然そのものを客観的に描こうとするのだ。こうして客観性こそが真理であるという通念が生まれることになる。一九世紀半ばになると、「客観的な」図像をどのように作成するのかが、大きな課題になってくる。

機械による客観的な測定はこの文脈のなかで生まれたものである。社会学者の松村一志は測定をおおむね時代順に並べて六段階に分けて整理している。

①感覚の段階……身体感覚によって確認する
②視覚化の段階……物質変化を目視する
③数量化の段階……物質変化に目盛りを与える
④誤差理論の段階……〔複数回測定して〕測定精度を誤差理論によって分析する
⑤指示・記録計器の段階……物質変化が目盛り上の指針の動きに変換され、記録される
⑥デジタル化の段階……数量をデジタル表示する[*11]

①から③は、判定者が重要になるから、証言によって結果を保証する必要がある。しかし④以降は機械が自動的に計測することになり、測定結果は研究者の手を離れて自立

していく。つまり「より客観的」になる。

ただし、機械があったから客観性が追求されたわけではなく、むしろ客観性の追求への意志が先にあったようだ。たとえば一九世紀に発展しつつあった写真という新技術は、偽造・修復可能だ。写真技術ゆえに客観性が重視されるようになったわけではなく、機械的な客観性を目指す要請のほうが先に立ち、写真はその要請のために重宝されたのだ。[*12]

客観性とは、人の目というあいまいなものに「邪魔されずに見る」ことを指すようになる。[*13] こうして機械的客観性が成立する。写真という機械を手にしたことによって「人間による判断から解放された表象を手にすることができる」と信じられたのである。[*14] 自然は神からも人間からも切り離された、それ自体で成り立つリアリティとなる。自然を人間から切り離して正確に認識しようとする意志が、主観性への排除と客観性への執念を生んだのだ。

法則という客観性

一九世紀末から客観性はさらなる段階へと進む。測定や記録された図像の正確さに依拠した機械的客観性は、法則、記号をもちいた論理構造に主役の座を譲る。[*15]

たとえば、ゴットロープ・フレーゲ（一八四八―一九二五）に始まる一九世紀末からの現代数学の進展も、人間の操作とは無関係に成立している論理的な関係のなかに数学の基礎を求めるようになっていった。あるいは物理学においてはマックスウェル方程式のような構造が科学的な実在とみなされるようになった。[*16] 測定ではなく方程式や論理式が客観性となる、ということだ。言い換えると、「それは何か？」ではなく「事象と事象がどういう関係でつながっているのか？」に焦点が移るということである。

一九世紀末から二〇世紀初頭に活躍した物理学者のアンリ・ポアンカレ（一八五四―一九一二）は次のように語っている。

「科学の客観的価値とは何か」と問うとき、その意味は「科学はものごとの本当の性質を教えてくれるか」ということではない。「科学はものごとの本当の関連を教えてくれるか」ということを意味する。[*17]

個々の対象ではなく対象間の法則こそが客観性だとみなされるようになるのだ。法則性が重視されることで、人間の関与は一層抹消される。さらには法則の方程式にはどんな数値が代入されてもよいわけだから、個別の対象も抹消される。数式と数値だけが残るのだ。

法則性の追求によって、あらゆる学問の成果は研究者の意識を離れて、客観的に保証されるようになる。図像も機械による測定も離れて、論理的な整合性こそが、自然の科学的真理を言い当てると考えられるようになるからだ。[*18]

論理的な構造が支配する完全な客観性の世界が自然科学において実現したとき、自然は実はそのままの姿で現れることをやめ、数値と式へと置き換えられてしまう。自然を探究したはずの自然科学は、自然が持つリアルな質感を手放すようになるだろう。雨や風の音や匂い、草木が繁茂していく生命力は消えていく（もちろん事象のリアリティにこだわりつづける生物学者・生態学者もいるだろうが）。客観性の探究において、自然そのものは科学者の手からすり抜け、数学化された自然が科学者の手に残ったのだ。[*19]

第1章では客観性というものが発明され、自然が客観的なものとして扱われるにいたった歴史を振り返った。第2章では、自然だけではなく人間の経験にかかわる社会や心理までもが客観化されていく様子を見ていく。

第2章　社会と心の客観化

1　「モノ」化する社会

モノとしての社会

第1章では自然が客観化されていく歴史を追った。自然科学が進展するなかで客観的でなかった自然が誰にとっても客観的なものとなっていく。第2章では自然のみならず、人間の経験と切り離すことができないはずの社会が（人間から切り離されて）客観化され、さらには「主観的」なものであるはずの心までもが客観化されていくプロセスを追っていきたい。

まずは、社会というものを客観的に捉える学問として社会学を始めた一人であるエミル・デュルケーム（一八五八―一九一七）に触れたい。

かくして、ここに非常に特殊な性質を示す一群の事実が存在する。すなわち、それらは行為、思考および感覚の様式から成り、個人に外在して、自らを個人に課す強制力をそなえている。（中略）社会的（*sociaux*）という形容はこれらの事実にこそ付与され、確保されねばならない[*1]。

「社会」という単語はあいまいでとらえどころがない。ところがデュルケームは、ある程度均質性のある集団がもつ「行為、思考および感覚の様式」が「社会」の特徴であり、この「様式」は、集団に属する個人への強制力をもつと主張する。このように定義したときには、社会は個々人の主観から切り離された客観的な事実となる。さらに統計によって様式の傾向を把握可能であると考えた。つまり客観化することで、社会を数値で扱うことができるようになり、科学の対象になるというのだ。

ともあれ、社会現象は〔観念ではなく〕物であり、物のように取り扱われねばならない。（中略）実際、物とは観察に与えられるものすべて、観察に供される、というよりはむしろ観察に強制されるものすべてである。現象を物のように取り扱うこと、それは科学の出発点をなす資料（*data*）としてそれらを取り扱うことにほかならない。[2]

デュルケームは社会を「モノ」として捉えた。そしてモノはデータとして数値化できる。つまり客観的に観察しうるものにした。デュルケームが記した『自殺論』がそうであるように、彼は客観的な「社会」を考察する道具として統計を導入した。統計によって数学化された事象こそが社会学の対象となる。『自殺論』によると、一九世紀後半のヨーロッパにおいては、景気のよさと自殺の増加が統計的に相関していることが示された。[3] これに関連してデュルケームは次のように述べる。

特定の条件の下に置かれている生物の生存可能性が他の生物のそれよりも小さくなるということを証明する客観的な方法は一つしかない。それは、前者の大部分が事実として後者より短命であることを明らかにすることである。[4]

ある集団の大多数がより短命であるということを統計によって示すことが、客観的な事実の探究であり、これがデュルケーム社会学の目的となる。客観性と数値に依拠するデュルケームの社会学は、その帰結として正常と異常を区別することになる。多数者が正常であり少数者が異常なのだ。

最も一般的な形態を示している事実のほうを正常と呼び、もう片方の事実に病的ないし病理的という語を与えよう。[*5]

つまり客観的に定義された指標をもとにマジョリティに収まるのか外れるのかが判断される。人間も社会事象も、正常なマジョリティと異常なマイノリティに分けられるのである。人間・社会に客観性が持ち込まれることで、第4章で議論することになる序列化された社会が生まれてくる。

客観的な歴史

近代の歴史学もまた、レオポルト・フォン・ランケ（一七九五―一八八六）が客観性を探究する方法を確立し、科学を志向するところから始まったという。歴史学者の小田中直樹は次のようにまとめている。

第一に、資料を収集すること。
第二に、資料批判をすること。
第三に、正しいと判断した資料（の部分）にもとづいて、過去の事実を記述すること。

この三つのステップが、ランケが提唱し、その後長いあいだ歴史学者たちが受容してきた歴史学者のしごとの手順です。（中略）
彼にとって、歴史学とは、過去の事実を明らかにするという研究目的を達成すべく、資料という研究対象をもちい、資料収集、資料批判、事実記述という研究手続きを踏む、という学問領域でした。

明確な研究目的、研究対象、そして研究手続きをもつ学問領域は、科学と呼んでさしつかえないでしょう。[*6]

何よりも、客観的な事実として信頼しうる資料の確定に重きをおいたことが「科学」としての歴史学を特徴づけているのである。小田中によると、むしろランケ以後の歴史学は、客観主義の発想を批判する方向で発展した。とはいえ歴史学は、社会学と同時期に客観性に基づく学問として成立したと言ってよいだろう。こうして人々の営みの総体である社会や歴史が、人から切り離されて客観的な事実として学問の対象となるのである。

2 心の客観化

世界からも経験からも離脱する自己

自然が客観的な真理となり、社会が人から切り離されて客観的事象となっていく様子をここまで見てきた。その過程で、人間の経験は科学的知見から切り離された。ところが客観化の流れが拡大し、人間の経験までもが客観的に記述されようとする。[*7]
心（魂、自己）についての探究は、西欧に絞っても少なくともプラトン以来二五〇〇年の歴史を持つ。哲学における心（魂、自己、意識、主観性）の探究は、自分自身についての観察によって成り立っている。つまり「心」については自分の経験をもとに探究されてきた。近代の哲学の出発点であるデカルトが「我思う故に我あり」と書き留めたのは、確実な知の基盤を、〝自分自身が思考することを自分で意識できる〟という内省に求めた営みだった。
内省を中心に発展した西洋近代哲学は、経験から切り離された、確実性を持つ「自己」を哲学の基盤に据えようとした。デカルトの「我思う故に我あり」も、うつろいゆくあやふやな私の経験のことではない。経験がどう変化し、あるいは夢や幻覚におちいって不確実になったとしても、悪い霊に騙《だま》されて間違った思考をしているのだとしても、〝考える〟という運動そのものはたしかに存在する。不確実な経験からは切り離された、確実に存在する思考の確保こそが、デカルトにおいては問題となっていたのだ。

「我思う故に我あり」という確実に存在する自己を起点としつつ、世界を認識する主観性の構造を考察するという仕方で近代の哲学は発展した。世界から切り離して確立された「自己」が確保されたからこそ、世界を客観として眺めることもできるようになったのである。

これ以降の哲学の流れにおいても、哲学における「自己」「主観性」の探究の多くは、それらを経験から切り離そうとする方向性を持っていた（例外はデイヴィド・ヒューム［一七一一—一七七六］にはじまる経験論哲学である）。経験から切り離された認識主体としての「自己」があるからこそ、経験から離脱した客観としての世界や社会も探究できると考えたのだった。ところがこの流れが心理学の登場とともに変化する。

自己の客観化

心や自己を客観的にとらえようとする実験心理学は、一八七九年にヴィルヘルム・ヴント（一八三二—一九二〇）がライプチッヒ大学哲学部に心理学実験室を開設した年にはじまった。ただし、一九世紀末の実験心理学の黎明期《れいめいき》においては、核となる自己の探究の補助手段として、実験が行われていたに過ぎなかった。[8] 高橋澪子《みおこ》の『心の科学史』によれば、ヴントの個人心理学は「〝内観〟による〝私秘的な〟意識過程の分析過程」[9] を探究するものである。著者の高橋は「〈実験〉が、ヴントの場合、内観的方法に先立つ予備的操作としての、きわめて特殊な意味しか持たなかった」[10] 点に注意を促している。ところが、ヴントの弟子の世代になったときに、実験により客観的に捉えられたデータこそが「心理」そのものであると見なされるようになる。研究者の内省ではなく、実験で測定された被験者の「心理現象」が学問の対象となるのだ。

その後、二〇世紀にはいって行動主義心理学が登場するとこの傾向は徹底する。内省は使われず、「被験者はもはや自分自身の内面の〝観察者〟ではなく、与えられた刺激に反応する一個の被験〝体〟にすぎなくなっている」[11]。つまり心理学が対象とする「心」は、単に測定しうる刺激に対する反応を意味するものになるのである。心理現象とは単なるデータなのだ。高橋は続けてこう書いている。

このことは、たとえば視覚の実験がおこなわれる暗室内でのブザーや言語を用いての応答も、実験〝者〟と被験〝者〟という二人の人間の間で取り交わされるコミュニケーションではなくなったこと、すなわち、被験者が自ら見聞きした（自ら経験しつつある）ことがらを実験者に知らせるための〝合図〟ではなく光や音などの刺激に対する被験〝体〟の〝反応〟（身体的応答）の一種にすぎなくなったことを意味している。そこでは実験者だけが唯一の観察者であって、また、その実験者が観察している対象は、そこにいる被験体が示す〝声を出す〟とか〝ブザーを押す〟などの身体的反応の数々だけである。[*12]

日常生活において、人の「心」は誰かとのコミュニケーションをとおして「私の心」「あなたの心」として浮かび上がるものである。心と呼ばれる現象は、私からあなたへ、あるいはあなたから私へという交流の現場で生じる。ところが実験心理学においては、人工的な実験のセッティングにおける刺激や問いかけに対する「反応」が「心」であるとみなされ、人間同士のいきいきしたコミュニケーションは視野から消える。被験者が「声を出す」ことも、心情表現ではなく、ブザーと同じような身体反応としてとらえられるのだ。たとえば「怒り」は脳画像のような計測可能な感情として問題になるのであって、怒りを引き起こしたあなたと私のあいだの人格的交流は問題にされない。しかし怒りとは何らかの理由があってあなたから私へ向けられる出来事であり、本来は計測されるものではない。

行動主義心理学では、研究対象となるのはあくまで客体化された心理現象であり、人間が被験者であっても問題になるのは事物的な反応に限られる。社会的文脈やその人と他の人との人格的な交流は度外視されるのだ。現在非常に発達している認知科学や脳神経科学も、(測定に用いる機器は格段に進歩したとは言え)研究の基本的な構えにおいては行動主義心理学と変わらない。心はあくまで刺激に対して反応するデータとしてとらえられるのだ。[*13]

3　ここまでの議論をふりかえって

経験の消去

これまでの議論をふりかえっておきたい。自然科学、社会学、心理学は、人間の経験から独立したデータを求めることで、自然という客体、社会という客体、心という客体を生んだ。三つの客体が生まれるどのプロセスにおいても、人間の主体的な経験は消されていった。あるいは心理学においてそうであるように、経験そのものがデータとなって数値へと切り詰められていく。人間の経験は、感覚や感情、体の動きだけにとどまらない。対人関係のさまざまなやりとりや、社会の影響、自然とのやりとりを含みこむ。自然・社会・心の客体化を通じて自然・社会・心が「モノ」あるいはデータになるとき、経験という「やりとり」が視野の外へと消される。

このとき一人ひとりの一人称的な経験と二人称的な交流の価値が切り詰められていく。客観化する学問そのものが悪いわけではない。客観化が、世界のすべて、人間のすべて、真理のすべてを覆い尽くしていると思いこむことで、私たち自身の経験をそのまま言葉で語ることができなくなることが問題なのだ。

経験の復権

「はじめに」で記したように、学生たちが「先生の授業のどこが客観的なのですか」と私に問いかけるとき、その背景にはこのような客観化の歴史がある。たしかに、近代の学問は森羅万象を客観化しようとするプロセスとして生まれた。しかし客観化を極度に推進していったときに切り落とされたものがある。それゆえ学問の世界の揺り戻しもまた起こる。

研究者の介入についての考察は、自然科学においても人文社会科学においても検討されてきた。例えば人類学においては、研究者が現場にどのように入り込むかが、データにどう影響するかということについての考察が深められてきた。*14

社会学では、社会に生きている人々の経験を重視するライフストーリー研究や、エスノメソドロジーといった方法論が生まれてくることになる。個別の経験を数値に還元することなく、個別の経験から出発して社会の動きを見ようとする方法論だ。

歴史学においても、国家が残した記録ではなく、民衆の経験をさまざまな資料から考えていこうという立場、国家ではなく小さな単位あるいは地中海世界といった国家を超える領域を扱う立場、聴き取りから記憶を再構成していこうとする立場といった多様な動きがでてくる。

さらに、心理学においては、臨床心理学のように一人ひとりのクライアントの経験、クライアントとセラピストとのやりとりを重視する学問や、ナラティブを重視するさまざまな質的研究が並走している。

目立たないかもしれないが消えることがないこれらの流れは、客観化しえない経験を消し去ることはできないことを示している。

それでも、この客観性の流れはまだまだ強いものである。これが何を引き起こすか、次章では、数値に焦点をあてていこう。

第3章　数字が支配する世界

1　私たちに身近な数字と競争

フィンランドの公教育

私たちは子どもの頃から点数にもとづいて競争を強いられている。ペーパーテストの成績を基準とした「良い学校」とそうでない学校の区別があることが、当たり前のように受け入れられている。第3章では、私たちの社会が数字に価値を置くようになった経緯を考える。第1章、第2章では客観性について考えたが、第3章と第4章は客観性と対を成している数値がテーマだ。念頭にあるのは、数値化は人間に何をもたらしたのかという問いだ。

ＯＥＣＤが行った学力テストで二〇〇〇年、二〇〇三年に読解力世界一となり、現在もつねに上位にいるフィンランドでは、学校間の序列はなく、学校のなかでも障害のある子どももともに学ぶ仕組みとなっている。フィンランドの大学で教鞭《きょうべん》をとりながら子育てをしている社会学者の朴沙羅《さら》は次のように書いている。

以前、同僚のアーダに「フィンランドに、いわゆるいい学校ってあるんですか？」と質問したら「家から一番近い学校」と言われた。*1

名門校があるわけではなく、近所の学校こそが子どもにとってよい学校だというのだ。マイケル・ムーア監督のドキュメンタリー映画『世界侵略のススメ』（二〇一六）のなかで、ムーアがフィンランドの学校を訪れて先生たちとディスカッションしている場面でも、「家から一番近い学校が一番よい学校」という会話が展開されている。

フィンランドでは学校間の競争がないだけでなく、授業も詰め込みではない。子どもの興味に従ってテーマを設定して自分たちで調べ、あるいは体を動かすグループワークが中心であるという。小学校でも九〇分の授業枠のなかで自由に取り組み、休み、自ら学んでいくのだ。

ある日、〔下の子〕クマのお迎えに行くと、〔上の子〕ユキの担任のマリア先生が園庭におられたので、しばらくユキの小学校生活について立ち話をした。私が「いやあ、話には聞いていたけど、ほんとまじ全然勉強しないんっすね！（中略）」と言ったところ、マリア先生は例によってとても真面目に「子どもの仕事は遊ぶことなのです」と答えた。

「子どもが望まない技術を強制的に身につけさせるのはときにして要求が高すぎて、大人の満足にのみ結びつく危険があります」

「遊びを通して学ぶほうが、学ぶと思って学ぶことより身につくときがあると私たちは考えています」[*2]

遊ぶことはそれ自体自発的な創造性を育《はぐく》む学びである。逆に勉強を強制されても子どもは伸びないというのだ。

他にも、教育学者の福田誠治は、フィンランドの学校教育の特徴を次のように述べている。

第一に、一人ひとりを大切にする平等な教育がなされている。まず、一六歳までは、選別をしない教育が実行されている。教育の基本は序列付けではなく、一人ひとりの発達を支援する教育である。さらに、社会にはどのルートを通っても、学ぶ気になれば誰もがいつでも学べる学校教育制度がつくられ、学習を保障する社会的なシステムが整えられつつあることである。

第二に、子どもが自ら学ぶことを教育の基本に据えている。競争などで学習を強制したりしない。あくまで、自らが学ぶことが基本である。したがって、子どもたちは授業の中であっても休む自由を与えられている。グループ学習、教え合いを大切にし、マイペースで学べるよう工夫されている。[*3]

誰もが平等に学ぶ機会があり、子どもは自分の興味に従って自主的に学ぶとともに、競争や能力別のクラス分けなどもない。授業のなかで自由にグループを組んで学習をし、疲れたら各々勝手に休む映像を私も見たことがある。

福田はフィンランド教育組合でのやりとりも紹介している。

「点数の高い高校に受験生が殺到するのではないか」

「それは、他人の点数だ（中略）しかも平均点だ。英語と数学の平均点を出して、何が出てくるのか。自分が何を学びたいかが重要だろう」[*4]

つまり良い偏差値の学校なるものが仮にあったとしても、その「良い偏差値」は多数の人のデータからなる統計である以上、自分の成績とは関係がないものだというのだ。しかも異なる教科を制約のあるペーパーテストで測った平均値はそもそも意味がない。

偏差値ができた背景

日本の若者の多くは受験勉強を強いられ、偏差値を気にしているだろう。日本では長年にわたり偏差値によって学校は一直線にランク付けされ、受験生たちは模擬試験や本試験の結果に一喜一憂している。誰もが自由に学ぶ権利をもつはずなのに、学校にランク付けがあり、入学試験で排除することがあるということは奇妙でもある。

また、さまざまな研究分野をもつ大学が、なぜ「私立文系」「国立理系」といった雑なくくりのなかで序列がつけられるのだろうか。私たちはそれぞれ興味を持つことが異なり、そもそも興味や得意は、中学や高校で行われる教科からはみ出ることが多いだろう。

さらに大学に行ってからの多様な学びと研究は、高校までの画一的な教科とはまったく質が異なる。学生自身一人ひとりの願いは異なり、大学の学部の学びの多様さがあるなかで、偏差値という単純な数字を頼りにして序列化することで何が判断されてきたのだろうか。しかし、これほど当たり前のものとして受け止められているのは、数字の呪縛がそれだけ強いということでもある。

一九五七年に東京都港区の中学校教員だった桑田昭三が、学力偏差値を考案した。[*5] 当初は教員の勘に頼っていた進路指導に、信頼できる指標を導入することが目的だったのだが、次第に偏差値は独り歩きし、偏差値そのものが勉強の目的となっていく。例えば英語の学習は英語が使えるようになることではなく、英語のテストの偏差値が上がることが目的となっている。偏差値そのものは、テストの点数が正規分布すると仮定される母集団のなかで、どの位置にいるのかを示す統計的な指標にすぎない。

本章では「偏差値で人の能力が測れるのか？」と批判したいだけではなく、そもそも「人間を数値化して比較することで、私たちは一体何をしていることになるのだろうか？」と問いを立てたい。それは数値化・序列化がもたらすものを考えていくためである。

数値至上主義は偏差値に限った話ではない。社会に出たらあらゆる活動が数値で測られる。例えば大学教員である私は、毎年何本論文や著作を出版したのか、いくら助成金を獲得したのかを大学に報告する。業績の報告のあと、年度末に次年度の目標を立てて提出している。つまり目標と成果が数値で計測され評価されるのだ。民間企業に勤めている人たちは、もちろん私どころではない。

さらに、個人の問題だけではなく、学部としても次年度の数値目標を立て、年度末に達成状況を大学本部に報告する。大学全体でも同じデータ集めは行われており、各学部に作成させた六カ年ごとの中期計画のデータを集計して文部科学省へと報告して国からの評価を受けている。

つまり個人から組織、国家にいたるまで、子どもから大人にいたるまですべて数値で評価されている。数値に基づいて行動が計画・評価され、価値が決められるのだ。

2　統計がもつ力

エビデンスにもとづく医療

もちろん数値化されるのは人だけではない。自然と社会を含む森羅万象が一九世紀にいたって数値で測られるようになった。そして、この数値化は、統計学の支配という形を取ってきた。たとえば現在、医療の世界では「エビデンス（根拠）に基づく医療（EBM）」が絶対的な価値を持つ。これは統計学的に病態を分析し、統計学的に有効であると認められた治療法を選択するという営みだ。一九九一年にカナダの医師ゴードン・

ガイアットが提唱した考え方である。

医療のエビデンスにはいくつかのグレードがある。もっとも確度の高いエビデンスは、患者を、ランダムに薬を投与する群と薬を投与しない群というように二つの群に分けて有効性を検討するランダム化比較試験（ＲＣＴ）を、さらに複数比較し、メタ分析した結果である。ＲＣＴの根っこには統計的な妥当性の評価がある。統計的に検討された複数の試験を組み合わせることで、妥当性を上げていく。

エビデンスによって有効な診断方法や治療法が整備されるということには異論がないし、私自身もエビデンスにもとづく医療を選ぶ。しかし病の経験は、エビデンスにもとづく選択だけでは語り切れない。

再発がんが進行しているので「急に具合が悪くなる」可能性があるから、と緩和ケアを探すことを主治医から勧められた哲学者の宮野真生子《まきこ》は、エビデンスにもとづく医療において常に問題になるリスクについて次のように述べている。

リスクと可能性によって、〔がんが再発した〕私の人生はどんどん細分化されていきます。しかも、病と薬を巡るリスクはたくさんありますから、そのなかで、良くない可能性が人生の大半の可能性を占めるように感じ、何も起こらず「普通に生きてゆく」可能性はとても小さくなったような気がしています。(中略)
でも、このリスクと可能性をめぐる感覚はやっぱりどこか変なのです。
おかしさの原因は、リスクの語りによって、人生が細分化されていくところにあります。そのとき患者は、いま自分の目の前にいくつもの分岐ルートが示されているように感じます。それぞれのルートに矢印で行き先が書かれていて、患者たちはリスクに基づく良くないルートを避け、「普通に生きていける」ルートを選び、慎重に歩こうとします。
けれど、本当は分岐ルートのどれを選ぼうと、示す矢印の先にたどり着くかどうかはわからないのです。なぜなら、それぞれの分岐ルートが一本道であるはずがなく、どの分岐ルートもそこに入ってしまえば、また複数の分岐があるからです。[*6]
エビデンスによって有効とされる治療を選ぶプロセスには際限がない。病が進行していくプロセスのなかで、効果が出る確率が高い治療法が選ばれることが多いだろう。しかし確率が高いといっても「四〇%の人にはこの治療法が有効であった」という意味であり、残りの六〇%の患者には効かない。つねに数値をめぐって患者は「効かないかもしれない」と不安な状態に置かれることになる。宮野はこの手紙から半年ほどのちに四〇代前半で亡くなったが、エビデンスに基づくリスク計算に追われてしまうと、人生の残り時間が確率と不安に支配されるものになってしまうだろう。

統計に支配される世界

科学哲学者のイアン・ハッキング（一九三六―二〇二三）は、世界そのものが数学化したときに、世界は統計（確率）によって支配されることになったと書いている。

世界が自然法則によって支配されているとみなす決定論的な自然科学の展開のなかで統計学は発達し、社会および人間は統制可能で予測可能なものとなっていく。

アメリカのゴールデンアワーのテレビでは、（中略）露骨な暴力シーンよりも、確率について語られることの方が多いのである。新聞をにぎわせる恐怖が、確率を使って繰り返し語られる。その可能性〔偶然・確率〕chanceがあるのは、メルトダウン、癌《がん》、強盗、地震、核の冬、エイズ、地球温暖化、その他である。恐怖の対象は（たぶん）これらではなくて、実は確率そのものなのである。（中略）

このような確率の支配は、世界そのものが数学化されたところでのみ起こり得たものである。我々は自然に対して、それがどんなものであり、またどんなものであるべきなのか、根底的には量的な感覚を持っている。これは当たり前のことではなく、いくつかのささいな理由もあってたまたまそうなったのである。[*7]

統計学が力を持つ現状は、自然と社会のリアリティの在処《ありか》が具体的な出来事から、数字へと置き換わったことの象徴である。当初、統計は世界のリアリティについてのある程度の傾向を示す指標と見なされていたが、次第に統計が世界の法則そのものであると考えられるようになった。統計は事実に近い近似値ではなく事実そのものの位置を獲得するのだ。[*8] 先のハッキングはいう。

たとえば一九八八年、日本が遂に世界一の長寿国になったことが注目を集めた。我々は、ちょうど日本企業が投資のための可処分資本を世界一蓄積しているのと同じくらいリアルに、平均寿命の伸びを日本人の生活や文化の現実的な姿と感じてしまうのである。*9

このように、「平均寿命」という単なる数字が日本を構成する事実そのものとなる。一人ひとりの日本人は早く亡くなることも長寿のこともあるのだから、「世界一の長寿国」というラベルが個人の余命を説明するわけではない。ましてや一人ひとりの高齢者が具体的にどのような暮らしをしているのかを示すわけではない。独居なのか、病院で寝たきりなのか、認知症なのか、もしかしたら元気なのか、同じ九〇歳でもさまざまだろう。

リスクと責任にしばりつけられる

さきほどエビデンスに基づく医学が患者を追い詰める様子を、がん患者であった宮野真生子の言葉で確認した。宮野の場合は自分で自分の病にかかわるリスクを気にしてしまうことが問題だった。

医療現場においてのみ、リスクが息苦しさをもたらすわけではない。学校や会社といった組織、そして社会全体は、リスクを予防するという視点でメンバーの行動を決め、行動を管理し、しばりつけようとする。「そんなことしたら危ないよ」という注意を子どもの頃に受けたことがない人は少ないだろう。学校の生活はさまざまな校則でしばられていることが多いが、これらは大人が外部からなにか非難を受けないために、生徒をあらかじめしばりつけるものである。子どものためと見せかけて、大人が自分の不安ゆえに子どもの行動を制限しようとしている。リスク計算は自分の身を守るために他者をしばりつけるものなのだ。

そもそもリスク計算を重んじる社会が生まれる前提として、社会学者のウルリヒ・ベックは、経済活動における個人主義、自己責任論による支配の問題点を挙げている。現代人はコミュニティによって守られることなく自分一人で自分の生活の維持に責任を負っているのであり、失敗があっても自分のせいなのだ。[10] 社会は個人を非難こそすれ守りはしない。自己の責任だけではない。「そんなことをして責任とれるんですか」という言葉を投げるときには他者を非難し、規範にしばりつけている。

個々人が責任ある行為者とみなされ、行為がもたらすネガティブな結果のリスクが計算される。さらには、そのリスクに責任を負うのは、国やコミュニティといった集団ではなく個人である。このような社会では、未来のリスクを見越して個人個人が備えることが、合理的な行動となる。

このことは、人は外から強制されるのではなく自ら進んで、社会規範にしたがっていく身振りにつながる。[11] 高校生に規範意識を問うた大規模な調査でも、社会学者の平野孝典によると、現代の高校生は校則を守り、規則違反には憧れを持たないという結果が出た。[12]

社会の実質が変化して「不確実でリスクに満ちた社会」になったというよりも、数値化されたことで社会や未来がリスクとして認識されるようになった。ともあれ、数値による予測が支配する社会、そして個人に責任が帰される社会は不安に満ちており、社会規範に従順になることこそが合理的なのだ。弱い立ち位置に置かれた人ほど、上からやってきた規範に従順になることでサバイブしようとするだろう。

次章では、こういった社会において、この弱い立場に置かれた人たちはどのように認識されるのかを見ていきたい。

第4章　社会の役に立つことを強制される

1　経済的に役に立つことが価値になる社会

チャップリンの『モダン・タイムス』

数字が重要な価値をもつ社会は、数字によって人間を序列化する。単に数値で測られるだけではない。たとえば会社では利益をどれだけ挙げたのかが基準になり、営業成績の良い会社員が評価される。数値が支配する社会では、人間を役に立つか立たないかで切り分けられる。第4章では社会の数値化が能力主義を生み出し、さらには現代的な差別を生み出すということを議論していきたい。

アメリカの喜劇役者チャールズ・チャップリン（一八八九―一九七七）が監督・主演した『モダン・タイムス』（一九三六）というコメディー映画がある。チャップリンが

『モダン・タイムス』の有名なワンシーン

演ずる工場労働者の主人公は、機械と資本家に縛り付けられながら同時にコミカルに工場のラインを乱し、上司をはぐらかすことで抗《あらが》う。映画の前半で、チャップリンは人間が工場や機械に管理される様子を描いた。チャップリンはベルトコンベアに乗って歯車に巻き込まれながら文字通りに歯車と一体化する一方、社長は社長室でジグソーパズルで暇をつぶしながら、テレビ画面を通して労働者の働きぶりを一望に監視するのである。

一九二九年の世界大恐慌のあとに作られた『モダン・タイムス』では、失業者のデモや労働者のストライキといった、困難を抱えた労働者の反抗が映し出されている。ヒロインの若い女性は養護施設に収容されそうになったところを逃げた人物であり、困

『モダン・タイムス』の顔の見えない労働者たち

窮した子どもたちが置かれていた状況もうかがえる。デパートの警備員や酒場でのウエイトレスや踊り子といった職業を転々としながら、どたばたとトラブルを起こしつつ、衣食住と自由のために格闘している。工場のなかで機械の歯車になることに抵抗しているのである。

『モダン・タイムス』は経済的な原理が優先するなかで一人ひとりの顔が見えなくなる社会を描いてもいる。映画冒頭、工場労働者が集団で仕事に向かう場面では、羊の群れのカットのあと顔が見えない労働者たちの群れが映し出される。労働者たちはほとんど同じ服装で同じ動作をするために一人ひとりの区別がつかない。

生産性による切り分け

イギリスの哲学者ジェレミー・ベンサム（一七四八―一八三二）は「最大多数の最大幸福」という功利主義といわれる議論を展開した。この主張は、ジョン・スチュアート・ミル（一八〇六―一八七三）からヘンリー・シジウィック（一八三八―一九〇〇）に受け継がれた。幸福が社会的な善の原理であると主張する前提として、幸福が数量化できるということ、最大多数の人（＝マジョリティの社会）にとって役に立つということが重要になる。功利主義によって「多数」と「最大」という数の基準が価値に導入されたのである。ミルはいう。

幸福が善であること、それぞれの人の幸福はそれぞれの人にとって善であること、それゆえ、社会全般の幸福がすべての人々からなる全体にとって善である[*1]（以下略）。

幸福が善でありうることは私も否定しない。しかし「社会全体の幸福がすべての人々からなる全体にとって善」とミルがいうとき、排除されたり抑圧されたりする少数の人への配慮が欠けるのではないか、という点が気になるのだ。「社会全体」という顔を持たないものが主語になっているため、全体を優先したときにはいつのまにか消されてしまう人が生まれるのではないかという点にひっかかるのである。

社会福祉学者の藤井渉によると、日本の障害者政策は、第二次世界大戦中の傷痍《しょうい》軍人の支援制度の影響を受けているという。[*2] 国家に奉仕して戦争で負傷した「役立った人」と、戦争の「役に立たなかった人」という切り分けが初めからあったというのだ。

戦争の役に立つかどうかという切り分けは、戦後になって「経済的に役に立つかどうか」に変化している。日本の主戦場は軍事から経済に移ったのだ。たとえば現在の障害者の支援制度は就労がゴールになっている。障害者がサポートを受ける場も「就労継続支援A型、B型」というように、名称自体に「就労して納税者になる」ことが目的であると明記されているのだ。[*3] このように、障害者も労働へと駆り出される。

経済的に役に立つかどうか、それは生産性という言葉に置き換えることができる。個人の生産「性」は、他の人との比較において決まる。自分のために作るのなら「生産性」は問われない。そして、その比較を誰がするのかというと、人ではなく組織や国家である。つまり人間の生産性が問われるときの主体は、あくまで組織・国家なのだ。お互いの顔が見えない巨大な社会では、組織の視点でものごとが決まる。たとえば、テストの点数や年収で他人と自分を比べているときも、自分が誰かと競っているように見えて、実は学校や国家といった顔のない組織によって品定めされているのだ。

セルフケアも国家の都合

こうした組織や国家のパーツになるという問題は、生産性を問われる場面だけでなく日常にも潜む。たとえば、多くの人は体重や血糖値の値を気にし、ウェアラブル端末でさまざまな身体のデータをチェックしている。健康診断の結果に一喜一憂する。これらはすべて自分の身体を数値化する営みだ。[*4]

「自分で自分の健康指標をチェックしているのだし、健康に気を使っている限りでは、国家は関係ないのではないか」と思う人が多いだろう。ただ個人が健康を管理するような仕組みをつくることで、国家はそのような意識を利用して医療費を抑制している。

倫理学者の玉手慎太郎は、「高血圧や糖尿病の危険が高まるメタボリックシンドローム（内臓脂肪症候群）の患者や予備軍の人口を二〇二〇年度までに現在の一四〇〇万人程度から二五％減らす」（日本経済新聞二〇一五年一一月三〇日朝刊）という政府の方針を報じた新聞を引用しながら次のように述べている。

この記事が伝えている政府の方針は、一見すると人々の健康への配慮からのものと思われるが、実はそうではない。というのもこれは、政府の経済財政諮問会議がまとめた、財政健全化に向けての改革行程表の原案についての記事だからである。ここから読み取れるのは、国全体の財政の健全化のために人々に健康になってもらわなければならない、という政府の態度であり、そしてここにあるのはまさしく、社会全体の利益のための健康増進という考え方である。[*5]

自分では健康のために節制しているつもりでも、実はこれは国家の意志を内面化したものだというのだ。さらには、自ら健康でいることは、労働者として国家の役に立つという点でも、支配する側にとってとても都合がよいのである。つまり他の人との数値を競い合うのも自分の数値を気にするのも、国家の役に立つという基準があるのだ。

2　優生思想の流れ

障害者の子育てを否定する人

ここまで説明してきたように、数値化・競争主義は、人間を社会にとって役に立つかどうかで序列化する。その序列化は集団内の差別を生む。その最終的な帰結が優生思想と呼ばれるものである。優生思想とは、優れた子孫を残すことで社会集団を強化しようとする思想だ。裏返すと「劣った」とされる人が差別され、子どもが産めないように手術され、場合によっては殺されることをもよしとする思想である。

最近もこんな報道があった。

北海道江差町の社会福祉法人「あすなろ福祉会」（樋口英俊理事長）が運営するグループホームで、知的障害があるカップルらが結婚や同居を希望する場合、男性はパイプカット手術、女性は避妊リングを装着する不妊処置を二〇年以上前から条件化し、八組一六人が応じていたことが一八日、分かった。「同意を得た」としているが、障害者が拒否した場合は就労支援を打ち切り、退所を求めていた。子どもを産み、育てるかどうかを自分で決める権利（リプロダクティブ権）の侵害に当たる恐れがある。

（中略）

〔取材に対し、理事長は以下のように語った〕「結婚などは反対しないが、ルールが一つある。男性はパイプカット、女性は避妊リングを装着してもらう。授かる命の保証は、われわれはしかねる。子どもに障害があったり、養育不全と言われたりした場合や、成長した子どもが「なぜ生まれたんだ」と言った時に、誰が責任を取るんだという話だ」（毎日新聞二〇二二年一二月一八日朝刊[*6]）

障害者の権利を守るべき福祉施設の理事長が人権を否定し、障害者が子どもを産む権利を否定している。記事によると子育ての負担ゆえに障害を持つカップルが子どもを産むことを妨げており、さらには親に対してだけでなく生まれてくる子どもへの否定的な意識が見え隠れする（驚くべきことに、この記事に対するネット上のコメントの多くが理事長を支持するものだった）。このような思考が生まれた歴史的な背景を振り返ってみよう。

優生思想の誕生

チャールズ・ダーウィン（一八〇九―一八八二）の進化論が受け入れられ、遺伝現象が発見されつつあった一九世紀末に、優秀な家系と劣る家系があり、優秀な子孫を残し劣る種族を減らすことで国力が増すという思想が生まれた。これが「優生学 eugenics」だ。この言葉は一八八三年、ダーウィンの従兄であるイギリスのフランシス・ゴルトン（一八二二―一九一一）によって作られ、一九世紀末から二〇世紀前半に、とくにアメリカで拡がった。*7

人間を数値化する試みのなかで最も一般的に普及しているのは知能テストだろう。日本でもよく使われる田中ビネー知能テストはもともと、フランスの心理学者アルフレッド・ビネー（一八五七―一九一一）が一九〇五年に世界で初めて開発した知能テストに由来する。

知能テストは、誕生するやいなや優生思想の道具となった。ビネー自身は優生思想を持っていたわけではないが、アメリカの優生主義者は、「劣った」とされる人種をあぶり出す技術として知能テストを利用した。黒人や移民に不利な設問を用いることで、「軽愚」というレッテルを貼ったのだ。[*8] 教育がまだ普及していない当時、学校に通える恵まれた白人以外は、知能検査に答えることはできない。学校教育の権利が保障されていない黒人や英語が苦手な移民の検査結果は当然低くなる。

これはなにも過去だけの話ではない。現在の日本での発達障害の増加は、知能テストを過剰に行うこととも関係していそうだ。知能テストによって発達のばらつきが判定されうるとみなされているからだ。「発達障害」という名称を手にしたことで救われる人も少なくはないが、安易に「発達障害」というラベルを子どもに貼ることで集団になじまないというレッテルを貼り、「特別支援学級」への移行や、「放課後等デイサービス」の利用を勧め、分断を生んでいる側面はないだろうか。クラスになじみにくいのは子どもも自身の特性ゆえになのだろうか。管理された大人数の教室が居心地を悪くしていることはないだろうか。

アメリカの優生主義者は、断種によって「劣った」とされる人々の生殖能力を奪うことを計画した。その最初の標的となった知的障害を持つ白人女性であるキャリー・バックは、最高裁判所において一九二七年に断種が決定されている。その後、アメリカでは広範な断種手術が行われるようになり、一九四〇年までには三万五八七八人の男女が断種または去勢されたという。[*9]

先ほどの新聞報道からもわかる通り、日本にとっても他人事《たにんごと》ではない。歴史的にも、「らい予防法」のもとで多くのハンセン病患者が断種・不妊手術を受け、優生保護法のもとで戦後も多くの障害者が強制不妊手術を受けた。ハンセン病は厳しい差別の対象となったが、知性に障害が出るわけでもなく、致死的な病でもない。一九四三年に特効薬が発明されてからは全治する病だ。旧優生保護法のもとで多数の障害者が不妊手術を強制されたことに対する裁判は現在も続いている。

現在の日本でも、新型出生前診断でダウン症などの障害が推定された胎児の九〇％は人工妊娠中絶で死産されていると言われる。[*10] その理由としては「障害を持って生まれる子どもがかわいそう」「育てる自信がない」といったことがあげられる。社会全体として障害を持った人に対する偏見があるゆえに、妊婦をかわいそうと思うのだ。あすなろ福祉会における断種手術の強要もこのような優生主義に由来する。

優生思想と死

優生思想は障害者が生まれてくることを拒むだけでなく、生きている障害者を殺してきた。一九七〇年五月に起きた横浜での母親による障害児殺しにおいては、母親への減刑嘆願運動が市民のあいだで起きた。〝障害児を育ててきて苦悩した母親がかわいそう〟というのである。

当時、脳性まひ当事者の人たちが展開した青い芝の会の運動を紹介したい。その理論的な支柱は横田弘（一九三三―二〇一三）と横塚晃一（一九三五―一九七八）という二人の脳性まひ当事者だった。横田の言葉を引用しよう。

また、一人、障害児が殺された。
歩けないということだけで。

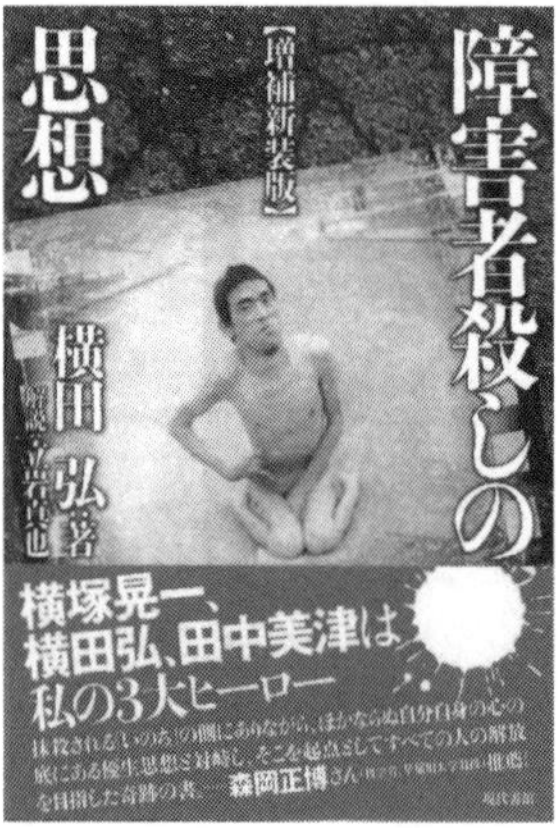

横田弘の主著

手が動かないというだけで。

たったそれだけの理由で、「福祉体制」のなかで、地域の人びとの氷矢のような視線のなかで、その子は殺されていった。（中略）

何故、障害者児は殺されなければならないのだろう。

なぜ、障害者児は人里離れた施設で生涯を送らなければならないのだろう。

何故、障害者児は街で生きてはいけないのだろう。

ナゼ、私が生きてはいけないのだろう。

社会の人びとは障害者児の存在がそれ程邪魔なのだろうか。[*11]（原文ママ）

助命嘆願の運動に抗議するために横田が執筆した文章をもう一つ引用してみる。

重症児は抹殺される
（中略）裁判の進行状況をみるとき、私達のねがいや、期待とはうらはらに、高度成長のみを至上とし、人びとの生命や意識まで管理しようとする国家権力の手で、現代社会が必要とする生産性能力を持たない重度障害者を「施設もなく、家庭に対する療育指導もない、生存権を社会から否定されている障害児を殺すのは、やむを得ざる成り行きである」とする一部の親達の意見を利用して抹殺しようとする方向にむかっているのです。[*12]

高度経済成長期の日本では、よりよい学歴、より高い社会的地位と収入を望む価値観が浸透していった。同時に、核家族化と女性の専業主婦化が進み、介護ケアが母親の役割に閉じ込められてきた。そのなかで家族を無償でケアする役割を一人で負わされた専業主婦である母親が障害を持った我が子を殺す事件が起きたのだ。

横田自身、大きな障害がある車いすユーザーであった。親が死去したときに叔父夫婦のもとに住むことになり、肩身の狭い思いをしたという。彼自身「生産性」を持たないとされるがゆえに、社会から抹殺されうる存在であると感じていたのだ。つまり横田の言葉は決して大げさな妄想ではない。当時何件か、将来を悲観した家族が障害者を殺す事件が起きている。そして家庭で育てられていない障害者たちの多くは、郊外に建設された大規模なコロニーへと隔離収容されていた。そのような背景から、脳性まひ当事者たちは、家に閉じ込められることも施設に隔離されることも拒んで自分たちで地域社会のなかで暮らす試みを始めていたのだった。障害者が権利を主張する運動と障害者を殺す事件が同時並行的に起きている。

横田が感じた恐怖は過去のものではない。二〇一六年神奈川県にある津久井やまゆり園において重度障害を持つ入所者が、「生産性をもたない」という理由で元職員によって一九人殺された。犯人である植松聖は、〝名前を呼びかけても反応できない入所者を選んで殺害した〟と言われている。彼は重度心身障害を持つ人のことを「心失者」と呼び、獄中で次のような言葉を発している。

人間として七〇年養う為にはどれだけの金と人手、物資が奪われているか考え、泥水をススり飲み死んで逝く子どもを想えば、心失者のめんどうをみている場合ではありません。

心失者を擁護する者は、心失者が産む〝幸せ〟と〝不幸〟を比べる天秤《てんびん》が壊れて、単純な算数ができていないだけです。（中略）目の前に助けるべき人がいれば助け、殺すべき者がいれば殺すのも致し方がありません。[*13]

植松は障害を持つ人の生活を「幸せ」と「不幸」の問題へと読み替え、必要とされる社会的コストが見合うものではないのは「単純な算数」だと語る。この「幸せ」を測る「算数」とはなんのことだろうか。人が生活するために必要な福祉的なコストのことだろうか。いずれにしても効率と生産性を指すだろう。彼は、人間が数値化され、障害を持つ人は無用であり、社会から排除されるべきだと考えている。やまゆり園で他の所員たちによる深刻な虐待が横行するなかで、植松が優生主義的な差別意識をもつようになったと言われている。[*14] 福祉職・介護職をめぐる劣悪な労働環境が背景にはあるだろうし、植松個人の問題ではなく我々自身のなかにある集合的な思考の問題でもある。

ナチスドイツにおける障害者虐殺

「不良な子孫」が残らないようにするという主張を持つ優生思想とはどのようなものなのか、もう少し考えてみたい。「優良な子孫・種」を残すという主張を行う優生思想そのものは、先ほど見た通り一九世紀にアメリカで展開したものだが、ナチスドイツにおいてそれは最悪の事態を引き起こした。

一九三九年にヒトラーが署名した「T4作戦」によって、二〇万人の障害者が虐殺された。その後、「最終解決」と呼ばれる六〇〇万人とも言われるユダヤ人やロマの虐殺が行われたのだった。障害者の虐殺の理論的な根拠となったのが、一九二〇年に出版された法学者カール・ビンディングと医師アルフレート・ホッへによる『生きるに値しない命を終わらせる行為の解禁』という小著である。ビンディングは〝存続する価値がない生命があるのか〟という問いにたいして〝イエス〟と答える。[*15] そして価値を失った存在には二つのグループがあるという。一つ目は苦痛ゆえに自ら安楽死を望む病者であり、もう一つのグループが重度の障害者である。[*16]

第二のグループは、治療不能な知的障碍《しょうがい》者から成る。（中略）この人たちには生きようとする意志（Wille zu leben）もなければ、死のうとする意志（Wille zu sterben）もない。考慮されるべき殺害への同意も彼らの側にはないし、他方で殺害が生存意思（Lebenswille）に抵触し、これを侵害したに違いないということもない。（中略）ともかく、彼らには手厚い介護が必要なので、この必要性に基づいて、絶対的に生きるに値しない命を何年も何十年もかろうじて生かし続けることを仕事とする職業が成り立っているのである。[*17]

ビンディングは、生きる意志も死にたいという意志も持たず、殺しても人権を侵害されたと感じない知的障害者がいると考え、そのような障害者を安楽死させることを正当化した。植松が殺害に際して入所者の方たちの名前を呼んで意思疎通を確認したことと、ビンディングの主張はこだまする。

法学者であるビンディングの論文に解説をつけた医師ホッヘは、この問題をさらに徹底して経済的な観点、とりわけ施設収容のコストから考える。

経済面に関する限り、重度の知的障害者（Volidioten）こそは、完全なる精神的な死のすべての前提条件を一番に満たすと同時に、誰にとっても重荷となる存在（Existenz）となろう。

この負担の一部は財政上の問題であって、これは施設の年度収支報告書を調べることで計算できる。（中略）それぞれの平均寿命を五〇年と仮定すると、容易に推察されるように、なんとも莫大《ばくだい》な財が食品や衣服や暖房の名目で国民財産から非生産的な（unproduktiv）目的のために費やされることにある。[*18]

ホッヘは財政の負担を強調し、生産性という観点から障害者を差別している。そしてこの経済による排除の視点は、施設収容という隔離の政策と一体のものである。障害者たちが、経済的なコストという理由で殺される。津久井やまゆり園も、家族にはさまざまなやむを得ない事情があり、そのようにして障害者が隔離収容された施設だった。

生産性によって人間を分断する試みは、顔を持った人格を匿名的なものへ変える動きである。さらには、社会や国家にとって役に立つのか立たないのかを規準として人間の価値を決める。

その帰結として、数値において優秀な人間と劣る人間という序列化が生まれ、「劣る」とされた人が差別されるとともに、排除される。実のところ排除の線がどこで引かれるのかは、定まっていない。そのつどの政治経済状況に合わせて変化する（政治経済には顔はない）。数値で社会が序列化されている限り、次は自分が排除されるかもしれないのだ。

ここまでが本書前半の議論である。客観性と数値が支配する社会のなかで私たちがなぜ息苦しいのかを描いてきた。次の第5章から始まる本書後半では、もう少し生きやすくなるために視点を変える思考法を提案していきたい。私たち一人ひとりの生き生きとした経験を繊細に感じ取る方法を手にすることが、おそらくは顔が見えなくなる社会に対抗する手段となる。

第5章　経験を言葉にする

1　語りと経験

第1章から第4章では、自然のみならず人間もが客観化され、数値化・序列化されていく様子を描いた。自然も社会も、そして心も数値化され客観的な事象として捉えられたときに、「私はこう感じる」「私はこうした」という経験がもつ価値が切り崩されていく。私たち一人ひとりの経験は、客観性に従属するものに格下げされてきた。数値によって人間が序列化されたときには、一人ひとりの数字にはならない部分は消えてしまう。

本書後半では、偶然の対人関係のなかでの経験を復権する方法がテーマとなる。まず第5章では経験を取り戻すために言葉を丁寧に扱うことを提案する。言葉を大切にすることは経験の機微に目をこらすことにつながる。「言葉を大事にする」ことは、単に丁寧に話を聞くことではない。具体的な方法がある。その点について以下で考えていきたい。

自然科学を中心とした西欧近代の学問が客観性を追求したとき、個別経験の生々しさは脇によけられた。このとき整合的な論理が学問の言語として残り、いびつで一回限りの語りは排除されていくことになる。だからと言ってたどたどしい語りの背景にある、生きている実感が無価値なわけではない。あいまいでぎくしゃくした「経験の生々しさ」の復権のために、まずそれを伝える語りを大事にしたい。

本論に入る前に、「経験」について、あらかじめ簡単に定義しておきたい。私たちは家族や友人に始まり日々込み入った対人関係のなかで試行錯誤している。学校制度や社会制度、さまざまな規則とのせめぎあいのなかでやりくりしている。さらに私たちの思考や行動は、文化的背景や経済状況、世代を超えた歴史的な背景も影響している。このようなバックグラウンドを踏まえた上で、私たちが日々感じること、そのつどの状況への応答や、誰かへの応答、さらにそのなかでの行動、このようなものの総体を私は「経験」と呼んでいる。この経験が具体的にはどのような性質を持つものなのかについては次の第6章で考えることにして、今は経験にアクセスするための入り口として「語り」を考える。

語りのディテールから生き方のスタイルを見つけ出す

私が特に大事にしているのは、個人の「経験」を語りだす即興の「語り」である。それは聞き手に、生き生きとしたものとして迫ってくる。生き生きとした経験は、即興の語りの生々しさへと受け継がれる。生き生きとした経験こそが、客観性と数値によって失われたものだ。それゆえ語りのなかに保存された生き生きとした経験をキャッチする方法を探ることは、科学において失われてきたものを取り戻す試みである。

私は長年にわたって、看護師や子育て支援の対人援助職、そしてヤングケアラーや精神障害の当事者、ろう者（耳が聞こえない人）やアイヌの出自を持つ人など社会的な困難の当事者にインタビューをお願いしてきた。インタビューでは質問を準備せずに二時間ほど気の向くままにあちこち話題が飛ぶのに任せて語っていただく。インタビューの語りは、口癖のみならず言い間違いやオノマトペなどを再現する忠実な逐語録をもとにして（複数の語りを混ぜることなく）一人ひとりについて分析する。一人ひとりの語りのディテールを尊重しながら多様な話題間の連関を考える。これによって、語り手が経験してきた困難、実践のスタイル、生き方のスタイル、そしてその背景にある社会状況の構造を、その語り手の視点に立って明らかにしようとした。この分析から明らかになる経験の構造には、客観的な数値が与える知識とは異なる意味がある。

個別の人生や個別の出来事を一人称の視点から分析するとき、外から見た客観的な指標では見えてこない具体的な像が生まれる。客観的なデータの背景に横たわる血肉の通った生の姿を理解できるようになり、読み手をなにかの行為へ向けて触発する。

また、語りを大事に扱うことは、語る人の経験を大切に扱うことである。一人ひとりの人生はまったく異なる。これは、「個性的」といった話ではなく、どうしたって対人関係や環境、行動は一人ひとり異なるという意味だ。人と異なる部分はしばしば偶然の出来事、とりわけ困難や苦痛にかかわる。生まれ育った環境は人によって異なる。貧困や差別もあるし、障害や病などの身体的な条件も異なる。そのため、個性的であろうがなかろうが、人生は否応なく一人ひとり異なるものになる。苦労や苦痛は取り替えが利かない偶然性と個別性において人を襲う。語りはまさにこれらを映し出す。

一人ひとりの苦労の経験は、科学的な客観性に回収することができない。だから個別の苦労をそのまま尊重し描き出すことには意味がある。そしてこのような苦労は、即興的な語りのなかにこそ背景の文脈や対人関係の布置とともに保存される。それゆえに語りをそのまま大切に扱うことが、語る人の経験を大切にすることになる。

社会科学の論文のみならず新聞や雑誌がインタビューを用いるときには、要約し、わかりやすく書き直すことがほとんどである。しかし、私はあえて「語られた言葉をそのまま記録する」ことの重要性を主張していきたい。口癖の使い方や人称代名詞のゆらぎ、言い間違いのなかに、経験のひだと複雑さが表現されるからだ。語りのディテールを尊重しながら多様な出来事のあいだのつながりを考えることで、本人も気づいていない経験の隠れた意味を浮かび上がらせることもできる。

「普通って何？」

生き生きとした経験がどのように表現されるのか、冗長な表現も含めて分析することで何がわかるのか、例を一つ挙げてみたい。ふだんの私は一人のインタビューについて本書のフォーマットに換算すると五〇頁から一〇〇頁ほどの分析を書くのだが、ここではその短い断片を示す。[*1] 何気ない言葉遣いを丁寧に見ていくことで、語りのダイナミズムが経験のダイナミズムを反映していることがわかるだろう。

二〇代のショウタさんは、一人っ子で母子家庭だった子ども時代、精神疾患をもち薬物依存だった母親をサポートしながら極度の貧困を経験した。

うつ病だった母は数日間寝込むことがあった。客観的にはショウタさんは、母親をケアしている「ヤングケアラー」であり、小学生の頃から家事を担っていた。ショウタさん自身は「不登校児」とラベルを貼られ、母親は「うつ病」、「薬物依存」、「ネグレクト」といったラベルを貼られている。しかしショウタさんは自分と母親の人生をそのような外から与えられるラベルでは語ろうとはしなかった。

以下では語りから「普通」という単語を用いた場面をいくつか引用してみる。「今、考えたら」と子どもの頃を振り返りながら、ショウタさんは自分の歩みを意味づけていく。そのなかで登場するたびに「普通」の意味が少しずつ変化し、最後に思いがけない使われ方にいたる。この小さな言葉づかいのなかに、生き方のスタイルが表現される。

ショウタさん　ご飯炊いたりとか、洗い物するぐらいは〔僕も〕できたんですけど、掃除とかになると、汚いまんまやったから、普通にゴキブリ出るしみたいな感じでしたね。母親が寝込んで起きたときに、片付けてなかったら、めちゃくちゃ怒るんですよね。多分、精神的にしんどいでしょうね、起きて。起きたときに汚かったら。『しゃあないかな』って、今、考えたら思いますね。（一重括弧は会話文、二重括弧は心象）

子ども時代のアパートでは「普通に」ゴキブリが出ると語った。小学生のショウタさんは家事を担っていたが、片付けきれないときに母親が起床してくると怒られる。怒られるのは理不尽だが、ショウタさんにとっては「普通」の出来事でもあったのだろう。母親との精神的なしんどさとともに暮らすことがベースとなって、世間とは異なる、ショウタさんにとっての独自の「普通」のなかに生きている。

ところがこの「普通」が揺さぶられることになる。

ショウタさん　母親がうつ病で、料理をするのもしんどいみたいな感じなんですよね。だから、毎晩、カップラーメンやったりするんですけど、それが僕は普通やと思ってたから、友達、家来て、晩ご飯カップラーメン出されたってなったら、その友達が驚くっていうか、びっくりするんですよね。「えっ」て。「こいつんち行ったら、カップラーメン出されたで」、みたいな。僕はそれが当たり前やったから、『それは当たり前ちゃうんや』みたいな感じのカルチャーショックを受けましたね。

　それが『当たり前や』と思ってましたね。毎晩、それでも平気というか、『それが普通やろ』みたいな感じだったので、〔友だちは〕びっくりしたかなって。

　子どもの頃のショウタさんは、ゴキブリがたくさんいる部屋で、毎晩、カップラーメンを食べる生活を「普通」だと思っていた。しかし友だちに驚かれたときに、自分の「普通」が世間一般の「当たり前」ではないということに気がつく。自分の「普通」と世間の「普通」が対立するのだ。

さらに不登校だったショウタさんが通っていたフリースクールで、もう一つ別の「普通」に出会う。

ショウタさん　そういう食生活してるもんやから、昼ご飯もなかなか用意できなかったんですね。学校行ったら給食はあるんですけど、フリースクールにはそういう給食とかなかったので、先生が、「おまえの昼飯代や」って言って、自腹でお金出してくれて。それで昼飯、買ってましたね。

そういうことって普通、あり得ないっていうか、なかなかないじゃないですか。でも、当時は『そんなもんなんや』みたいな感じで、受け入れてたっていうか。今、考えると、『先生、太っ腹やな』って思いますし。『毎晩、子どもにカップラーメンは健康悪いよな』って、今、考えたら思いますけどね。でも、当時はそれが普通やと思ってました。

フリースクールのスタッフに昼食をおごってもらっていたことが「普通、あり得ない」ということにショウタさんは大人になってから気づく。当時は「そんなもんなんや」と「普通」のことだと受け入れていたことが、世間一般の「普通」ではないことに「今、考えたら」気づくのだ。

母が何日も寝ていること、起きたときに怒られること、ゴキブリや食生活も、フリースクールのスタッフの気づかいも、ショウタさんが知らぬ間に置かれた環境であり、子ども時代はそれを「普通」と捉えていた。しかし本当に「普通」なのであれば、「普通」と名指す必要すらない。あえて「普通」と名付け直すのは、「今、考えたら」普通ではないからである。振り返ったときに浮かび上がってくる社会の価値観とのずれのなかで営まれる生活ゆえに、「普通」をめぐるゆらぎが生じるのだ。「普通」という言葉の繊細な使い分けを通して、ショウタさんは自分が置かれた環境と社会の関係を語りだしている。

「普通」をめぐる揺れはまだ続く。ショウタさんは中学生のときに母親が薬物で逮捕されたため、大阪市西成区にある子どもの施設である「こどもの里」に預けられることになる。次の場面も大人になってあとから気づいた「普通」をめぐる、ゆらぎである。

ショウタさん　学校も行けてないし、ちょっと家庭的にしんどい子やから、普通っていったらあれなんですけど、「西成以外の〔普通の〕施設じゃ見られへんやろう」ってことやったと思うんですね。多分、先生とか、働きかけて、「こどもの里やったらフリースクールにも行けるし、西成区内やから何とかなるんじゃないか」っていうことで、児相〔＝児童相談所の一時保護所〕から抜けて、〔こどもの〕里に来始めたんですね。

釜ヶ崎（あいりん）地区など大阪市西成区北部は社会的に困窮した人が多く住むことで知られている。ショウタさんは他区で困難な生い立ちのもとに育ち、小学校高学年からは「学校も行けて」なかった。児童相談所は、通常の公立の児童養護施設ではなく、地域での子ども支援に定評がある民間の団体であるこどもの里にショウタさんを委託する。こどもの里は、大きな困難を背負ってきた「普通」ではない境遇の子どもであっても受け入れる、と彼は感じたのだ。

①毎晩のカップラーメンやゴキブリといった子ども時代のショウタさんにとっての「普通」
②社会一般の「普通」
③「普通ではない」包摂力を持った場所としての西成の大人たち

という三種類の「普通」をめぐる緊張関係のなかでショウタさんは育った。「普通」という言葉を丁寧に見ることで、彼がどのような対人関係と社会環境の布置のなかで生きてきたのかが見えてくる。なかでももっとも社会一般の「普通」から遠ざかる経験は、高校時代のある晩の場面だろう。

ショウタさん　母親も一週間、寝込んだりするときあったんですけど、一週間、寝込んでて、起きたときに僕がちょうど〔大学受験の勉強で〕いらいらしてるタイミングで、母親がいつものように「お弁当買ってきてや」って。（中略）

買ってきて、「はい」って、弁当、どっかん、ぶちまけて。「はい」って言って、そこから自分の部屋戻って、また勉強してたんですけど、母親が身なりきれいにして、かばん持って、出掛ける。いきなり出て行くんですね。「どこ行くん？」って言っても、無視して、そのまま、さーって行って。『またどこ行くんやろう？』って思って、電話しても出なかって。

そのまま勉強してたんですけど、家に人が来て、出たら警察やったんですね。その警察が、「もしかしたら違うかもしれへんねんけど、もしかしたら母親が亡くなったかもしれん」。亡くなった所が踏切の電車、飛び出して、亡くなった。その踏切の電車、母親の友だちが二人いたんですけど、その二人ともそこで自殺したんですね。っられたっていうか、『死ぬんやったらここやろうな』って決めてたんでしょうね。『そこやったら、友だちがおる』って思って、亡くなったと思うんですけど。

母親はある日突然自死してしまう。冷静な語りのなかに抑制された感情と切迫した状況の生々しい再現が見て取れる。のちに、ショウタさんはインタビューのときに実は涙をこらえていたとメールを下さった。

インタビューの終わりに、ショウタさんは小学生の頃から彼がケアし続けそして自死した母親との関係を振り返ってもう一度「普通」という言葉を用いる。このとき今までの「普通」をめぐるとまどいが決定的にくつがえされる。

ショウタさん　僕、当時はすごい自分のことを『不幸や』と思ってたんですね。『全然、もっと一般的な家庭に育ちたかった』とか、一般とか、普通っていうことを、すっごいあこがれてたんです。小学生のときは特に。でも、今、考えると、『普通って何？』って。『一般的って何？』みたいな。やし、『母親に育てられてよかったな』って思うし。『あの母親に育てられたから、今の自分がある』って思うし。やし、『母親は、最終的には必ず僕を選んでくれてた。だから、母親に育てられてよかったな』って、今は思うんです。

昔はすごい普通とかにあこがれてました。普通、一般的、裕福っていうか、普通にご飯食べてきて、普通に学校通ってってっていう、その普通っていうものにあこがれてたのありました。今は『普通って何?』みたいな感じだし、母親に育てられてよかったなって思いますね。

インタビューのなかで何回かにわたってショウタさんは「普通」という言葉を使ったが、使うたびに少しずつ意味が変化した。社会で「普通」な価値観を獲得した現在から「今、考えると」と振り返りながら、子ども時代の経験を意味づけている。さらにインタビューの最後で、八回も「普通」とつぶやきながら思いがけない意味を与えた。

小学生の頃は、ゴキブリがたくさんいる部屋に暮らし、毎食カップラーメンを食べるような生活を「普通」と感じていた。友だちがびっくりしたことがきっかけで世間一般の「普通」を知り、このときから「普通」はショウタさんを縛る規範となり、それを内面化してあこがれるようになった。ところが最後にそこから大きく変化する。「普通、って何?」と自ら進んで世間の「普通」から離脱する。受動的にではなく、自らの意志で「普通」から離脱することが、そのままショウタさんの生き方のスタイルの表現となっている。困難な社会的な条件のなかで、どのように主体的に人生を引き受けたのかが示されている。

母親はうつ病と薬物依存でショウタさんの世話を十分にはできなかった。さらには、たびたび変わる母親のパートナーからショウタさんは暴力を受けて転居を繰り返した。そして、二人暮らしだった高校生のときに母親は衝動的に自死している。そのような背景のもとでショウタさんは「母親に育てられてよかった」と繰り返す。最終的に、一度は自分のものとして内面化した世間一般の「普通」という価値観を離れ、自分固有の価値を発見するとともに、自分と母親の人生を肯定する。経験の重さは、落ち着いた語りのなかに透かし見える。そして彼個人の経験が一般的な「普通」へと回収されることがないということをさまざまな仕方で確認するのだ。

インタビューでは二時間以上即興で語っているのだから、ショウタさんは意識して「普通」という単語を何種類にも使い分けたわけではない。意識せずに「普通」という言葉を多用し、しかも知らず知らずのうちにその意味をだんだんと変化させていく。「普通」という言葉の変化には、彼が逆境に対して応答し自ら生き方のスタイルを作り上げていったプロセスが表現されている。最後に「普通って何？」と世間一般の常識を問い直し社会の価値観から離脱したところで、貧困と暴力のなかにいた彼自身の人生と、突然自死した母親の人生と、二人の関係とを肯定するのだ。

このような語りを読んだ際、「ヤングケアラー」や「ネグレクト」といった客観的な概念では捉えきれない、個別的で生き生きとした姿が伝わってくるだろう。

何気なく使われた一つの単語を追跡しただけでも、ショウタさん自身の視点から見た経験のスタイルと世界の組み立て方の一端が見えてくる。ショウタさんは世間一般の「普通」の価値観から疎外されつつ、その「普通」と間合いを取りながら、自分自身の言葉で価値観を作り出す。そのプロセスは、逆境のなかにあっても母親と自分自身を肯定しつづけるという一貫性を持つ。経験のスタイルは、ある状況に応答する人それぞれ固有の型である。多様な状況において一貫するショウタさんらしい身の振り方がある。これがスタイルである。同じ状況にあったとしても、ショウタさんのように振る舞うとは限らない。普通の価値観を相対化し、そのことによって子ども時代に感じていた世界への意味付けを大人になって更新していくスタイルは、彼独特のものである。語りのディテールを丁寧に尊重することで、その人の経験のスタイルを取り出すことが可能になる。

急いで補足すると、私は質問紙調査などで得られるヤングケアラーや虐待についての客観的データを否定したいわけではない。これらのデータは子どもをめぐるマクロの状況を考える上で貴重なデータであり、私もつねに参考にしている。しかし客観的な視点から得られた数値的なデータや一般的な概念は、個別の人生の具体的な厚みと複雑な経験を理解するときに、はじめて意味をもつ。数値的なデータの背景には人生の厚みが隠れているのだ。

もちろんインタビューの語りは人生のほんの一部の断片を要約したにすぎない。インタビュアーである私との一期一会の出会いから生まれたものだ。しかし、偶然の出来事に満ちた人生についての即興的な語りを通すことでこそ浮かび上がる、その人だけの生き方のスタイルがある。このようにして語り手の経験の生き生きとした姿は語りのなかで定着され、その骨格を見せるのだ。

2　「生々しさ」とは何か

生々しさをすくい取る

インタビューにしてもドキュメンタリー映画にしても、あるいはフィクションである小説や映画あるいは漫画、アニメーションにしても、登場人物の人生が個別の出来事であるがゆえに、（つつましい日常を送っているとしても）読者や鑑賞者に刺さる。出来事や状況が持つ質感、本書でいう「生き生きとした」「生々しさ」「切迫した」経験こそが受け手を触発するのだ。

経験が生き生きとしているということはなにも特別なことではない。ショッキングな出来事が起きなくてもよい。私たちの誰もが日常的に感じている出来事にも「生き生き」としているものは多数ある。では、語りのどのような側面から、この生々しさを感じ取ることができるだろうか。

次のインタビューでは、二〇代前半の女性がヤングケアラーだった小学生時代を振り返っている。彼女の母親が覚醒剤を使用しているのを目の当たりにする場面だ。

Aさん　覚醒剤を使用してたから、お母さんのほうが。してたから、だからやっぱりお金も足りなくなってくるから、（中略）家帰ってもご飯ないとかっていうのが結構あって。それで、ちっちゃいときやったからあんまり記憶もないけど、でも私、結構そういうの繊細やったりするから、ママのこと気にして気にして仕方なかったから、すぐ泣いてたし。もうしょっちゅう泣いてたし、それを弟と妹がずっと見てるみたいな感じでしたね。

この語りのなかで経験が生き生きとしているように感じとれるのはなぜだろうか。母親が覚醒剤を使っているという極端な出来事のせいだけではない。出来事の語られ方にこそ、Aさんが感じていた深刻さが表現されている。「すぐ」「もう」「しょっちゅう」「ずっと」と交わらないリズムが複雑に絡み合った状況を暗示する。さらに、「使用してたから」「してたから」「足りなくなってくるから」「繊細やったりするから」「気にして仕方なかったから」と「〜から」の語尾が繰り返され切迫したリズムとなる。そして過去の状況に没入して切迫した語りと、矛盾するように「あんまり記憶もないけど」と距離をおいた回想とが交互にはさまる。このような語り方のぎくしゃくした交わらないリズムこそが、当時の経験に没入しながら、今まさに生き生きと想起していることを示している。

経験の切迫感は語りのいびつな手触りを通して伝わる。このいびつさを分析すると、複数のリズムのからみあいが浮かび上がってくる。現実の出来事や状況は決して理路整然と生きられるのではないからだ。Aさん本人もいま初めて、かつては言葉にならなかった経験に言葉を当てはめようと探索しているのであり、当然語りは行きつ戻りつ、矛盾を孕《はら》んだぎくしゃくしたものとなる。

村上　一番印象的なのは、それだけ強くお母さんのことを思えるってどういうことなんだろうって。

Aさん　なんででしょうね。たまに、――ママ、つねに不安そうな顔してるっていうか。薬もやってるっていうのもあったから笑わなかったんですよね。――あるときママ泣いてて、めっちゃ。泣いてて、家帰ってきたら。声は出してないけど、涙ずっと流れてるんですよ。それで、『守ってあげないとな』って思いましたね。
村上　守ってあげないとっていう存在だったんだ。
Aさん　そうですね。ママ一人だし、母子家庭で一人だからこそ。あと、自分が長女やからっていうのもあったんですね。責任感強い部分は正直ありました、自分のなかで、なかにはありましたね。（中略）ひたすらあれでしたよ、帰っても「ママおらん」とか、「ご飯ない」とかで、家帰っても。

母親は、「たまに」「つねに」不安な顔をしているが、涙が「あるとき」あるいは「ずっと」流れている。即興の語りだからこそ生まれる決して交わることがない複雑なリズムを通して、薬物を使用する母親自身の不安と、それを見守るAさんが感じていた切迫した不安とが生々しく表現されている。「一人だし」「一人だからこそ」、そして「自分のなかで、なかには」という少しずつ変化しながらの反復も切迫を表現している。

さらにはうつの母親が泣いている光景に、Aさんが長女であるという責任も追加され、状況は重層化されている。生き生きとした語りは、たいていは異なるリズムをもつさまざまな層の経験が複雑に絡み合ってできている。ぎくしゃくした語りの交わらないリズムこそが状況の生々しさを表現し、Aさんが陥っていた困難と孤立を示す。

客観性と状況の生々しさ

私は客観性と対照させて、「経験の生々しさ」という言葉を使っている。数値によって測られるのが事物の特性だ。これに対して、経験の生々しさは、経験の強度にかかわっている。単にモノがそこに存在するだけでは生々しいとはいえない。人がそこに巻き込まれていて、出来事や状況から触発されて、人が応答せざるをえないときに生々しく切迫する。

さらに、経験の生々しさは生きている現実感の土台であるが、言葉で表現し尽くすことができない。インタビューは、出来事あるいは人生全体の要約であり、省略であり、近似値にすぎない。語ることが極めて難しい経験を、あえて言葉にしている。即興的に語ることにおいて言いよどみながらかろうじて多少なりともアクセスできる、語り得ない出来事があるだろう。語りが生々しさを表現するということと、経験の生々しさを語ることの難しさとは、同じことの裏表である。それゆえにぎくしゃくした語りにこそ生々しさは顔をのぞかせるのだ。このことは同時に、経験は語り得ないものでもあり、沈黙することも尊重されるべきであるということも意味している。

さて、Aさんの語りからは、交わらないリズムが際立った。次の第6章ではリズムが経験においてどのような意味をもつのかを考えたい。

第6章　偶然とリズム――経験の時間について

1　偶然を受け止める

偶然の出会い

第5章では、生き生きとした経験を照らし出す語りを丁寧に聴き取ることについて考えた。第6章では、私たちの生き生きとした経験そのものにアプローチする。生き生きとした経験には多様な側面があるが、本書ではとりわけ時間という切り口を取ってみる。経験の生々しさは、時計で計測できる時間とはまったく異なる性質をもつ。これについて、偶然の出会いと私たちを貫くリズムという視点から考えていきたい。

科学の世界において、時空間構造はニュートン力学や相対性理論によって説明されてきた。[*1] 科学において時間は時計で測ることができる均質な数値であり、空間は座標軸上で長さを測定できる数値である。時間も空間も均質に延び拡《ひろ》がっていき、数値の連続的な変化によって時空間構造が描かれ、事物はそのなかの座標軸にマッピングされる。似たようなかたちで、社会科学では、時間と空間は年表と地図によってマッピングされる。年表はまさに数直線上に出来事を位置づける営みであり、地図は事物や出来事を客観的な平面の拡がりのなかにマッピングする。

しかしながら、経験の時空間は、座標軸上で位置づけることができないし、外から観察することもできない。経験のリアルがもつ時間と空間は、おそらくは偶然性やリズムという切り口から考えるとわかりやすい。

それは、私たちの経験はつねに偶然にさらされているからである。ものが頭の上に落ちてくるかもしれないし、登校中にばったり別れた恋人に会うかもしれない。そもそも恋に落ちるのは偶然の出会いがきっかけだろう。また、いつどのような病気になるのか、障害をもつのかどうかは予想できないし偶然降ってかかるとしか言いようがない。私自身もたまたまの出会いの積み重ねで今まで様々な研究をする機会に恵まれた。

偶然出会う出来事とともに私たちの人生は作られていく。人間が変化するのは、つねに出合い頭の偶然の出来事、一期一会の偶然の出会い、思わず口に出た偶然の言葉をきっかけにしてであろう。

出来事が起きた日時は年表のどこかにプロットできるが、出来事がなぜそのとき「たまたま」起きたのかという「たまたま性」は、年表には書き込めない。とはいえ「たまたま」はまぎれもなく時間的な経験だ。

九鬼周造の『偶然性の問題』

近代日本の哲学者である九鬼周造《くきしゅうぞう》（一八八八―一九四一）は、偶然という問題に真正面から取り組んだ数少ない人物である。彼は偶然を、定言的偶然、仮説的偶然、離接的偶然、原始偶然という四種類に分けて議論した。[*2]

定言的偶然は「法則の裏面に例外としての偶然性」がともなうことである。[*3] 本書の文脈で考えると、統計的な法則性には収まらない個別性のことを指す。つまり統計的な客観性から私たちの経験はつねに逸脱していく。

仮説的偶然は、「遭遇」[*4]のことであり、出会いの偶然性である。もちろんさまざまな因果関係を無限に計算することができるならば、たまたまの出会いは宇宙の物理法則のなかで必然的に生じたということができるかもしれない。しかしそのような計算はまさに「無限」の要素を考慮する必要があるが、それは不可能である。それゆえ出会いは実質的には偶然なのだ。[*5]

離接的偶然は、枝分かれの偶然である。「こうなったかもしれないが、そうはならなかった」「この道を選んだが、他の可能性もあった」、そういう偶然である。第3章で引用した、宮野真生子《まきこ》が複数の選択肢からがんの治療法を選ぶことのいきづまりを語ったときに、念頭に置いていたのはこれである（宮野は九鬼周造の専門家だった）。九鬼はサイコロの六マスの確率を用いて議論している。サイコロを何万回と試してみたら、五のマスが出る確率は限りなく六分の一に近づくだろう。この六分の一という数字が確率である。しかし次の一振りでどのマスが出るのかは、六つの可能性へと枝分かれする偶然なのだ。確率とは人生の偶然を枝分かれに見立てながら多数のサンプルを集めて客観化することで枝分かれの偶然性を飼いならす営みだ。

最後の原始偶然は、世界がそもそも存在するということ、あるいは私がこのような仕方でそもそも存在するという変えようのない事実のことだ。存在の始まりを予想することもできないし、存在の理由を説明することができない「ただ在る」としか言いようがない存在の事実のことである。例外・出会い・枝分かれという偶然は、「在る」という原始偶然に由来すると九鬼は考えていた。[*6]

私が存在することの偶然性が経験の基盤となる

九鬼は、偶然が経験の生々しさに関わると述べている。

芸術が偶然を対象内容とすることを好むというのは、偶然が生命感を伴う事実に基いていると思う。（中略）自然現象の偶然性は予知し難いもの、法則に捉え得ないものである。そこには個性と自由とが現れている。生命の放埒《ほうらつ》と恣意の遊戯とが現れている。その生命、その遊戯が美しいのである。その潑剌《はつらつ》たる逸脱性に対する驚異が感動を与えるのである。[*7]

偶然は生命と関わる。法則から逸脱し、奔放な結果を選ぶ。そのような遊びのなかに経験の生命感すなわち生々しさは宿る。

私たちの行動はしばしば突発的なものであり、因果関係では説明できない。予測できない偶然の出来事のもとで、偶然の行動が生まれ、私たちはあと戻りできないしかたで変化する。その理由はしばしばあとづけされ語られる。それゆえに語りは偶然を保存するし、語りのぎくしゃくした表現は経験の生々しさを示す。

さきにあげた、宮野真生子は死のひと月前に、書簡を交わしていた磯野真穂に向けてこう書いている。

なぜ、私はそこまでして偶然を問い、語ろうとするのか。ようやくわかった気がします。そこにこそ「生きている」こと、「生きようとする力」の始まりがあるからです。

（中略）

がんにならずに今日も元気にお酒を飲んでいる可能性もあった。一方にはもちろんがんになる可能性がある。これだけ読むと、私ががんになったという偶然は、サイコロでたまたま6の目がでたような、確率の問題に見えるかもしれません。しかし、もちろんそうではない。[*8]

「がんにならずに今日も元気にお酒を飲んでいる可能性もあった。一方にはもちろんがんになる可能性がある」。これは九鬼周造が離接的偶然と呼んだサイコロのように枝分かれする偶然の選択肢だ。しかし宮野は、がんになったということは単なる確率の問題ではないという。つまり枝分かれする離接的偶然ではないという。

重要なのは、「あること」も「ないこと」もありえた「にもかかわらず」、けれど、私はがんになってしまった、ということ。つまり、「にもかかわらず」の反転、逆接こそが、私が乳がんになってしまったというときに偶然として感じる事柄の実体です。

（中略）

私が偶然を問い続け、「にもかかわらずある」を語ろうとするとき、その根っこにあったのは、無に囚われ、必死でそこから抜けようとする生への欲望であり、「にもかかわらずある」と語ることで自らの存在を保とうとする私の執着でした。いま、自らの病を語ろうとするなかでそのおぞましいまでの力を感じます。しかし、これが生きるということであり、そして、私は生きるために言葉を紡ごうとするのです。[*9]

ならない可能性もあった「にもかかわらず」がんになったという運命を引き受け、人生と思索が思いがけない変化をとげる。「にもかかわらずある」と語るとき、宮野はたまたま存在していることの不思議と出会っている。これを宮野は「生きようとする力」と呼んでいた。

さまざまな偶然に翻弄されながら、「にもかかわらず」私が「ある」こと、これが私たちの存在の不思議であり、九鬼が原始偶然と呼んだものだ。そして、このような「にもかかわらず」私が「ある」ことの不思議さが経験の生々しさなのである。人が自分の人生を生きるということは、存在すること自体の偶然性に根っこを持つ。

がんの治療においてはエビデンスに基づく医療に曝《さら》される、検査結果という客観性をもとに医師が「急に具合が悪くなるかもしれない」と告げた場面から始まる宮野真生子と磯野真穂の往復書簡は、がんという偶然の経験と生きることの不思議を際立たせて肯定することで結末を迎える。偶然は誰かに語ることによってのみ定着される。友人の磯野に向けて語る（書く）という行為においてのみ、宮野は病の経験そして自分自身の生という偶然について意味を与えることができたはずだ。

偶然性の科学

とはいえ、科学が偶然性と無縁であるというわけではない。実は客観性や普遍性を謳《うた》う科学も偶然性と縁が深い。近代の学問は、一見するととりとめなくランダムに生じている偶然の出来事をどのように合理的に理解するのか、という観点から発展してきたとさえ言える。現代医学のスタンダードであるエビデンスにもとづいた医療と呼ばれる標準化をはじめとして、客観性と妥当性を重視する近現代の科学は統計学に依拠している。科学哲学者のイアン・ハッキングによると、統計学とは、世の中が偶然の出来事で満ちていることを認めた上で「偶然を飼いならす」ための学問だ。賭け事、船が遭難する確率、都市部での地区ごとの死亡率、といったさまざまな偶然をなんとか取り押さえようとしたのだ。ハッキングは言う。

私は〈偶然の飼いならし〉について、つまりいかにして〈偶然〉あるいは規則的でない出来事が自然法則や社会法則の根底にはっきりと据えられるようになったのか、について書いている。〈偶然〉は、（中略）自然科学と社会科学の中心になった。*10

統計学は、たくさんのデータを集めて数学的な処理をすることで、出来事という本来偶然かつ個別的に生じるものから法則性を導き出す方法だ。これは学問の重要な成果だ。私たちの生活は、統計学によって偶然を統御することを抜きには成り立たない。一見すると無秩序な自然現象や社会現象のなかに法則性を見つけることで、例えば天気を予報したり、がんの予後や治療薬の効果、感染症の罹患《りかん》率などの計算が可能になるのだ。統計学は偶然の出来事に正面から直面するのではなく、少し目をそらして外から眺めることで飼いならす。しかし、偶然との出会いから生まれる唯一無二の経験や説明を超えた変化を、統計学は考慮しない。

病の告知

逆に言うと、統計学の発達は、私たちが日々直面する出来事とその経験が、意のままにはならない偶然に支配されているということを知らしめる。例えば、一生のあいだにがんになる確率は、男性で六五％、女性で五〇％ほどだ。[*11] 治療方法も治験を通して統計に基づいて効果が測られ、標準治療としてマニュアル化されている。

しかし、実際にがんになるということは、患者それぞれで意味は変わってくる。病とどのように出会うのかは人によって異なり、どのように受け止めるのか、病に対してどう応答してその後の生活を組み立てるのかは、本人の年齢や家族関係や社会関係によって大きく変わってくる。偶然の出来事に対しては、受け止める側の反応も個別的で多様なのだ。同じ診断名の病気であっても一人ひとりのストーリーは異なる。偶然の出来事をめぐって一方では統計学を用いて飼いならそうとする方向性があり、他方では偶然に満ちた人生にストーリーを与えて意味を探す方向性がある。

次に二人のがん患者の語りを引用する。

学さん　二回目（再発した時）に言われた時にも、じわぁっとですけども、すごいショックですね。やはり仕事が手につかないというか。（中略）働いてたり、あるいは治療中は、そんな不安がないんですけどね。一人になってぼぅっと考えていると、やはり不安になって、車の運転ができないような状態というか（中略）その帰り、途中に、やはりすごく不安になって、ちょっと、ちょっとこう、休憩したりする時に、やはりじわぁっと不安がよぎるというか。[*12]

Yさん　検査すればするほど、どんどん切る範囲が広がっていって。最終的には〔舌の〕三分の二かもっと切らないといけないし、手術してみて、さらに切る範囲が広がるかもしれないみたいなことを言われて。で、ちょっとだいぶ絶望的な気持ちになってきましたね。そんだけ切ると、相当な後遺症が残るって、いろんな人の体験談とか見て〔知っていたので〕。（中略）

やっぱ自分にとって、ただ生き残るだけ、ってどうなのかなっていう（中略）ただ生きるだけじゃなくてね、生きてても、山ほどの後遺症を抱えながら暮らしてくっていうのは（中略）人を人たらしめるコミュニケーション的な機能とか、食事をする機能が損なわれてしまうっていうのは、相当苦痛だっていうので。[*13]

学さんは再発の告知が死の接近を告げるがゆえに「一人になってぼぅっと考えていると、やはり不安になって、車の運転ができないような状態」になっている。これに対してYさんの場合は「絶望的な気持ちになっ」た理由が死の予期ではなく「相当な後遺症」が残ることにあった。二人の告知に対する反応は大きく異なる。学さんの場合は死が目の前に見えてきて仕事が手につかなくなっているが、Yさんは予後が厳しい進行した舌癌《がん》であるにもかかわらず、死ではなく後遺症に注意が向いており、治療後のQOLを心配している。もちろん学さんが再発がんの告知でありYさんが初発のがんの告知であるという違いは大きいのだが、それにしても一人ひとりそのつど病の受け止め方が異なることがわかる。

病は本人にとっては偶然の出来事であり、そのつど自分自身にとっての意味づけを探さないといけない。自分なりの意味づけは、出来事から受けたショックを起点としてストーリーを作ること、つまり他の人もしくは自分に対して経験を語ることによってなされる。

統計はどのような確率でがんに罹患するのか、といった統計的指標を与えてくれるが、患者ごとに病の意味はそれぞれ異なる。それぞれ病をどのように受け止め、どのように病とともに暮らしていくのかは、自分で言葉にし、誰かに語ること（あるいは語らないことを選択すること）でしか意味づけられない。

偶然を言葉にしていく語りとは、言葉にしがたい理不尽な現実に対して、最低限納得のいく言葉と行為によって応答する営みだ。見出《みいだ》された言葉は場面に適合しないかもしれないし、違和感が残るかもしれないが、しかし語りきれないことがあること自体もまた経験の重さのしるしだ。[*14] 経験を語り尽くすことはできない。しかし語ることでしか経験は意味を持たない。このような緊張関係が経験と語りのあいだにはある。

経験の重さは言葉にならないものであり、それゆえに不完全にでも語ることを通して私たちは経験の生々しさに対して応答しようとする。不合理で意味を持たない現実に対して、かりそめにせよ意味を与えることで生き延びる試みが物語るという営みだ。即興の切実な語りを丁寧に分析していくとき、偶然の出来事を生き抜くその人固有の「形」がみえてくる。

2 交わらないリズム

リズムのからみ合いと経験のダイナミズム

何もすることがない暇な時間ははてしなくゆっくり流れるように感じられる。逆に、楽しい出来事はあっという間に過ぎてしまう。このような時間の延び縮みは、生のダイナミズムといえるだろう。経験のダイナミズムは座標には位置づけられないし計測することもできない。むしろそれは、当事者にとってそのつどの複雑なリズムとして経験される。

さらに言うと、経験のダイナミズムは単純なものではない。ゆっくり流れる時間、急ぎ足で去っていく時間、というようにざっくりと捉えられた経験も、そのなかに複雑な時間の経験を含み込んでいる。経験のダイナミズムが内包する複雑なリズムのからみあいを取り出すことで、言葉になりにくい出来事のリアルな感触を捕まえることができる。

たとえば、第5章でAさんの語りを検討したときにもぎくしゃくしたリズムを強調した。Aさんと、覚醒剤を使って情緒が安定しない母親、弟と妹という四人のあいだで成立した緊張感は、「すぐ」「しょっちゅう」「ずっと」「たまに」「つねに」と場合によっては矛盾する交わらないリズムを通して明らかになった。語りの分析でリズムを取り出したときに初めて、ヤングケアラーが抱える複雑な状況が生々しく浮かび上がる。

リズムの複数性

リズムは単一ではない。そのため、ある場面で経験されるリズムは大抵の場合、異なるリズムがからみあった複雑なものとなる。例として、がん患者を専門的にケアする看護師による語りを引用してみる。

Cさん　体力的に落ちて、体力の低下があって……必ずその道をたどられるんですけど、患者さんは。体力が低下して、ほんとに普通に元気に過ごしていらっしゃった方〔が〕、どんな方でも、衰弱が進んでくると、できてたことが、ちょっとずつできなくなっていくんですね。

……で、ううん、お部屋から出て、自動販売機にこういうペットボトルのお茶を買いに行くのが日課だった患者さんがおられるんですけども、その方が、「今日はペットボトルがすごく重く感じた」って言われるんですね。

この〔ペットボトルの〕重みがでてきて、足の重みもあるんだけど、この重みがまず勝ってる。で、だんだん自分で買いに行くことが出来なくなるっていうような、毎日毎日それをお話ししてくださるんですね。

（中略）そういうお話をし始めた方っていうのは、必ず〔死について〕お話ししたい方なんですよ。はい。じっくりじっくり聴いていくと。そういうできなくほんとに毎日少しずつできなくなるっていうご経験をしていくなかで、どんどんどんどん死っていうのが近づいてくる、自分に。……だからその怖さがあるんですね。自分のことが出来なくなるっていう怖さもあるんですけど、それと同時に死もどんどん近づいてくるっていう怖さがあって、自分自身ができることはだんだん奪われていくって、奪われていくっていうお話をしながら、死についてのお話をされる方が多い……ですね。

患者は、「ちょっとずつ」「だんだん」衰えていくのを体感として内側から感じる。同時にどこかわからない他所から「どんどんどんどん」死が近づいてくる[*15]。そのような患者の感覚は看護師であるCさんが「じっくりじっくり」聴き取るなかで際立ってくる。このように、語っているCさん本人も気づかないまままさまざまな交わらないリズムが登場する。正確には、この場面はCさんが患者との対話から感じ取ったリズムなのだが、生のリズムは大抵の場合、一人の心に留まるものではない。複数の人との交流のなかで浮かび上がる。それゆえにCさんの語りを通して患者の経験のリズムも描かれうる。

生きることはさまざまなリズムに貫かれるが、それは「心の中」の出来事なのではなく、環境全体に浸透したダイナミックな出来事だ。右の引用では「ちょっとずつ」「だんだん」「じっくりじっくり」「どんどん」という交わらないリズムが、Cさんと患者の出会いのなかで浮かび上がったのだ。「どんどん」と「だんだん」を引き出したCさんによる「じっくりじっくり」とした聴き取りは、もちろんふたりのあいだで起きた出来事であり、単にCさんの主観的な感覚であるわけではない。私たちの経験のダイナミズムは、心のなかや身体、対人関係にまでまたがったさまざまなリズムの複合体である。客観性と対置されるのは主観性ではなく、共同的な経験のダイナミズムなのである。

3　変化のダイナミズム

状況が一気に変わる

ある場面において複雑なリズムが発生するだけでなく、場全体のリズムが変化することもある。これを経験のダイナミズムの一つとして「変化のダイナミズム」と呼ぼう。これは、状況がラディカルに変化するとともに、そのダイナミズムは個人の経験に閉じるのではなく共同的なものでもある。再びAさんを引用してみる。母親が薬物で逮捕される前と逮捕されたあとについての語りに注目してみたい。まず逮捕前を思い出した場面である。

村上　どういう気分？　その泣いてたっていうのは。

Aさん　帰ったらもうママがいないとか。でも自分、私自身は母が薬やってるっていうことはだんだん気づいてたんです。普通に家、帰ってきたら母はいるけど寝てる状態で、注射器が置いてあるとか、そういう風景を見てたんで。妹、弟とかも多分、分かってたんです。でもそれはずっと、「糖尿病の注射」とかって言われてたし、でも頻繁にちょっとやくざちっくなっていうか人たちが出入りもしてたし。だから大体、気づいてたっていうのはあるんですけど。それを実際、言ってたりもしてたんですよ、見たときも。「これ何？」みたいな感じで。だから気づかれてることを分かってるけど、うまくかわされてきてたみたいな感じで。（中略）

　多分、「こどもの」里も、そんとき気づいていたんかは分からないんですよ。でも多分、気づいてるんです。気づいてるとは思うんですよね。でも逆に、私の母しっかりしてたんで。お弁当とかもめっちゃ凝って作ってたし、そういうのが一気になくなるとやっぱ気づくじゃないですか。だから多分、気づいてたと思うけど。「気づいてたよ」っていうのは、私は別に伝わってないから、どうやったかは分からないんですけど。

この語りには前節で注目した「だんだん」「ずっと」「一気に」といった状況を形作る交わらないリズムも登場するが、注目すべきことが他にもある。

Aさんは「でも」という逆接詞を挟みながら、覚醒剤に気づいていたが「〈母からは〉かわされてきてた」というあいまいな状態、そして居場所だったこどもの里のスタッフも「気づいてたんかは分からないんですよ。でも多分、気づいてるんです」という気づきをめぐるあいまいな状態を語る。知っている「でも」かわされる、知っている「でも」知らないふりなのだ。気づきをめぐって宙ぶらりんの状態にAさんは置かれているのだ。そのことが「でも」が多用されることをとおして表現される。

ところが、逮捕されたあとについては語り方が一変する。

Aさん　ママのせいで絶対に必要じゃない知識を得たっていうか、法的な行いをしたというか、裁判に行くってこともないじゃないですか。裁判に来たときも、一応、手錠でつながれてるんですけど、でもそれをあんまり生々しく見えへんように、ハンカチみたいな感じで隠してるんですけど、見えてまうしみたいな。

あと供述書、もうめちゃくちゃ、このぐらいの厚さのある供述書、全部読んだんです。でもそれは弁護士さんが持ってるものかなんかで、○○〔Aさんの愛称〕が「見たい」って言って、「ほんまに見ていいん？」って、「結構いろんなこと深く書かれてんで」って言われて。そんときから、ちっさいときからそういうの多分知りたいとかっていう気持ちが結構、強かったんですよね。だから「いい」って言って、全部見て。私がこういうことを知ってるっていうのを知らないっていう部分が、多分ママにはあると思うんですよ。そのぐらいいろいろ見ちゃって。

逮捕されたあとの時点を思い出して語るときには、「知識を得た」「見えてまう」「全部見て」「知ってる」「いろいろ見ちゃって」と、状況をすべて知っている人の語りになるのだ。逮捕後についての語りでは、あいまいなとまどいは見られなくなり、状況の布置が大きく変化する。逮捕前はあいまいな状況をあいまいに語ったが、逮捕のあとのAさんははっきりと自分が置かれている状況と母親の薬物をめぐる事実を知っていると語る。こうしてAさんは自分の将来の目標へ向けて踏み出していく。

そのことは語りのなかでは「知ってる」「全部見て」といった気づきをめぐる動詞の変化や、「でも」という接続詞の有無で表現される。気づきと意志の変化によって、状況全体が質的に変化する。それが、言葉づかいの変化へと反映し、それを暗黙のうちに感じるからこそ聞き手・読み手はこの語りをリアルに感じる。経験の生々しさは、そのなかに多様なリズムがせめぎあい、内的に変化していくダイナミズムを示すがゆえにリアルなのだ。

もう一つ変化のダイナミズムの例を見てみたい。次の場面では、訪問看護師が、ある若いがん患者の看取《みと》りの場面を語っている。まずは家族のあいだのぎくしゃくしたリズムが語られる。

訪問看護師Eさん　年末に、その人が亡くなったときに、三人の子どもさんがいてたんですけど、どんどん悪くなっていくのを、冬休みになったから、ずっとそばで見てるんですけど、いつも笑ってるんです、子どもたちが。まあ、一番下の子はお母さんのそばで泣いてるんですけど。いつも、いつも泣いてるんですけど、中学のお姉ちゃんたちは、スマホをいじったり、週刊誌読んだり、テレビ見たりして笑ってるんですね。でも、そのお姉ちゃんたちにも、「もうお母さん、お正月は迎えられないよ」っていうことは、お父さんの口から話してもらってはいてたんですけど、なんでこの子たちは、お母さんが横でゲーゲー吐いてて、「ちょっと背中さすってあげて」って声を掛けたら、「さっきさすってあげたもん」って言って、お母さんが横でまだ吐いてるのに、そう言ってお母さんに近づいてこなくって、「この子たちは、どんな、今、気持ちなんやろう?」と思って。

母親の病状が「どんどん」悪くなるのを「ずっと」見ている、という家族全体に影響するベースのリズムがあるなかで、三女は母の枕元で「いつも」泣いている。これに対して、長女と次女は「いつも」「テレビ見たりして笑って」母親には近づこうとしない。交わらないリズムがぎくしゃくし、家族はすれ違っている。

看護師にとって患者の家族へのケアも重要な実践であるが、Eさんにとっては「この子たちは、どんな、今、気持ちなんやろう？」と長女と次女の気持ちがブラックボックスとなっている。こうして母と娘のあいだが疎遠になってしまったまま看取りを迎える。

しかし亡くなった瞬間に大きなリズムの変化が起きる。

Eさん　結局、亡くなったとき、「Eさん、息してないみたい」って、その方のお父さんから電話があって、行ったときにはもう亡くなってたんですけど、そのときも、その中学生の子どもたちは別の部屋にいてて、「お母さんの体、すぐ冷たくなっちゃうよ。お母さんに触っといてあげて」って言って、その子たちの手をお母さんのおなかに当てて……。
そうそう、亡くなったときもそんなふうにしてて、「お母さん、冷たくなっちゃうよ」って言って、お母さんのおなかに三人の手を、こうやって持っていって、で、

「お母さん、まだあったかいやん」って言って。「でも、すぐ冷たくなっちゃうんやで」って言って、ずっと触ってて、で、触りながらやっと、その二人のお姉ちゃんたちが、涙がぽろぽろぽろぽろ流れてきてたので、「ああ、やっとちょっと泣けたのかな、感情がちょっと出せたのかな。でもその中学生の子どもたちに、私がもうちょっとうまく関われてたら、もうちょっとこの子たち、気持ち吐き出せたり、楽にできたんちゃうかな」とかって思って、それもちょっと分かんないなと思って。なんかそういうことの繰り返しですね。（沈黙）

亡くなった母親が横たわるまわりに、三人の娘が揃《そろ》い、Eさんが手を母のおなかにあてつづけることで長女と次女も三女と同じように「ぽろぽろぽろぽろ」というリズムで泣き始める。子どもたちが母親のまわりに集まり、まだ暖かいが「すぐ」冷たくなるお腹を「ずっと」触れるなかで三人姉妹のリズムが揃う。ここで「やっと」状況が変化するのだ。Eさんが添えた手を支点として、状況が大きく転回する。先ほどのぎくしゃくしたリズムは、姉妹で手を揃えてぽろぽろぽろぽろ泣くという調和へと変化する。

Eさんは、子どもの手を添えることで、家族の状況が変化するための触媒となっている。複数の人物からなる場全体が、リズムをめぐってダイナミックに変化していく様子が経験され、生き生きと語られている。このような変化のダイナミズムは立ち会った人にしか感じられないものだ。

このように変化のダイナミズムは、状況の内部にたたずむ当事者の語りを分析したときに初めて明瞭な姿を取る。第5章では経験を映し出す「語り」、第6章では「経験の内実」についてみてきたが、次の章では、経験が語られたものを内部の視点からいかにして、分析し思考するのかにふれていきたい。

第7章　生き生きとした経験をつかまえる哲学

1　経験の内側からの視点

数字の呪縛から逃れる

前章では、経験の生々しさは偶然性やリズムといったダイナミズムに表れると議論した。そこで、第7章ではこの経験の生々しさをキャッチする方法について考えていきたい。本書の議論は、客観性と数値化への過剰な信頼が、経験の生々しさを消してしまうという指摘から始まった。そのため経験を尊重しつつキャッチするためには、客観とは異なる視点を取る必要がある。本章ではその一つである「現象学」と呼ばれる思考法を解説していく。

「働く意志のない人を税金で救済するのはおかしい」というような学生の授業コメント

を読んでいて気になるのは、彼らが統治者の視点に立って語っていることである。国事を決定する権力の視点から「善悪」を判断する。学生は統治者になり代わって思考しているのだが、実はそれは国家権力の論理に思考を乗っ取られてしまっているということでもある。学生は一人の市民なのだから、自らの生活の実感から、あるいは近くにいる家族や友人の視点から社会課題を考えることができるのではないだろうか。そのためには「一人ひとりの個別の経験」の視点にこだわることが大事になる。

一人ひとりの個別の経験は、客観的学問にとっては切り捨てられるべきものとみなされた。一人ひとりの偶然的でうつろいやすい多様な経験は、まさにそのうつろいやすさゆえに科学において価値を失った。ところが、うつろいやすさや、偶然、個別性のなかにこそ、経験の重さが宿る。客観的な学問によって多くの有益な知が得られるが、だからといって自分の経験の個別性を切り崩す必要はない。

数字による束縛から脱出する道筋を本書は探してきたが、それは数字や客観性を捨てるということではない。繰り返すが、問題は、客観性だけを真理として信仰するときに、経験の価値が切り詰められること、さらには経験を数字へとすり替えたときに生の大事な要素である偶然性やダイナミズムが失われてしまうことだ。「客体化と数値化だけが真理の場ではない」ことを理解する方法が問われている。

経験の内側に視点を取る

客観とは異なる視点、〈経験の内側に視点を取る思考法〉をここから提案していきたい。ただし、この「経験の内側」とは、いくつかの理由で「主観」ということではない。

一つ目の理由は、これは自分自身についてだけではなく、他の人の経験についてもその人の位置から出発して記述する方法だからである。他者を客体化するのではなく、しかも他者に共感や感情移入するのとも異なる仕方で、他者の経験についてもその人の視点の内側から個別的に記述していく。

二つ目は、この方法は、心のなかという意味での主観を描くのではないからである。ある人の経験は、他の人との交流や葛藤、どこからか降りかかる出来事や、社会、経済、歴史が複雑に絡み合った状況のなかで生じる。誰かの経験は、その人の心のなかに閉じこめることができない。経験の内側に視点をとることは、対人関係や社会、歴史のからみ合いの拡《ひろ》がりを描き出す試みでもあるのだ。
〈経験の内側に視点を取る思考法〉は、私たち一人ひとりの経験の個別性と重さを重要視する。たとえば、病や障害、被差別の当事者の経験、そして苦境にある人をサポートするケアワーカーの実践は、苦しみや困難が一人ひとり異なる。それらは、個別の社会状況や人間関係のなかで生まれるものだ。そのため、客観的な診断名や職種名で一般化して議論することはできない繊細なディテールがある。この思考法はこのようなディテールを大切にするのだ。

もちろん病の症状や差別を生む社会構造には社会的な共通項はある。しかし、外から対象化して類型化するだけでは、本人の経験にとって重要な苦痛が抜け落ちてしまう。一方で、個別の困難から出発して社会構造を描いたときに、どのように病や障害、貧困や差別のなかで生きられてきたのかが明らかになる。社会のすき間へと追いやられた人の経験を尊重するために、個別の経験をすくい取るような方法が求められるのである。

現象学という方法

この〈経験の内側に視点を取る思考法〉はいくつかあるが、ここで提案するのは「現象学」という思考法である。フロイト（一八五六―一九三九）が精神分析を生み出したのと同じ一九〇〇年ごろに、オーストリアの哲学者エトムント・フッサール（一八五九―一九三八）が現象学を創始した。そのあとメルロ＝ポンティ（一九〇八―一九六一）やサルトル（一九〇五―一九七五）を始めとして、何人もの重要な現象学者が登場している。

フッサールは、数学や自然科学が客観的真理を確保できるのはなぜかと考えた。[*1] 自然科学的な客観性が真理であるためには、客観が真理であることを保証する構造が、科学を遂行する人間のなか、そして客観的自然科学の手前にあるのではないかと考えていた。客観の手前にある基盤を考える方法として、フッサールは現象学を提案したのである。

こうした議論の際に、「脳の働きを調べればよいのでは？」と疑問に思う人もいるだろうが、脳科学では解決しない。というのは、脳科学は脳を「客体」として扱い、その「メカニズム」を客観的に調べる学問だからである。すでに客観が成立していることを前提としてしまっている。そのため、脳科学では客観の手前にある基盤は見えてこないのである。

フッサール自身は、〝人間の認識の構造は普遍的なのだから、内省を通して人類に共通する基本構造を取り出せる〟と考えていた。そして認識がテーマだったため、誰にでも共通すると考えられる知覚や想起に焦点を当てた。しかし私自身は、認識ではなく、どのように当事者や支援者が社会状況から突き動かされ、応答していくのか、という生き様や行為に関心がある。

そのため、私自身はフッサールとは異なり、そのつどの具体的で偶然の経験と行為に焦点を当てる（フッサールの弟子だったハイデガー（一八八九―一九七六）は、経験の持つ偶然的性格を事実性と呼んだ[*2]）。その分析の具体例は、実は第5章、第6章で議論した内容がそのままあてはまる。

例えば第5章のヤングケアラーとして育ったショウタさんは、「普通」という言葉を相対化しながら自分の生き方を意味づけていた。ショウタさんとのインタビュー中の「普通」という単語の意味は、データのなかの言葉同士の関係から確定するものなので、誰が分析してもほぼ同じ結果になる。つまり、分析者の主観ではない。そしてこの記述は社会状況のなかでの格闘なので、ショウタさんの主観に閉じてもいない。ショウタさんの行為や対人関係・社会関係が個別のスタイルを持ち、そのスタイルは細かい言葉づかいの配置を分析することによって明らかになる。

同じ第5章のAさんもまた、「でも」という言葉づかいの有無から、彼女を取り巻く環境がもつリズムの変化と彼女の行動が変化したことを告げていた。「でも」という切り口から彼女の目から見た環境と行為を読み解いていく一人称の世界の記述技法が現象学である。一人称ではあるが対人関係に拡がっていく。同様に、第6章に登場した訪問看護師Eさんの語りでは、看取《みと》りの場面での患者と家族のぎくしゃくしたリズムが、手を合わせて遺体に触れることで最後に調和していった。これら生きられたリズムを読み取る技法もまた経験のダイナミズムをつかまえる現象学の一側面なのである。

生きる流れを内側から追っていったときに見えてくるこの軌跡は、必然的にその人の個別の軌跡である。しかし、それが語られる際、別の日には別の出来事や別の語り方だったかもしれないのだから、偶然の語りとなる。経験だけでなく、語りも個別的で一回的なのだ。生々しさをつかまえるために語りと経験双方の個別性をキャッチしなければならない。

語り手の経験は一人ひとり個別のものだが、だからこそ読者を触発するだろう。客観的な知識の代わりに、現象学的な分析は読者を触発し行為へと促すのだ。

2 現象学の倫理

他者表象の暴力を避ける

ここまで説明してきた、当事者の経験の個別性とディテールを尊重する方法は、弱者や差別された人の経験を可能な限り尊重するための方法になりうる。

社会科学は、他者についての研究であり、研究のテーマが病や障害を持った人であったり、弱い立場に置かれた人、社会から排除されないがしろにされている人であることがある。その場合、研究者というマジョリティ側の強者が、傷ついたマイノリティを研究するという構図となる。このとき研究者が、研究対象となる人々に（学問にもとづいた装いをするがゆえに一見するともっともらしい「客観」という）レッテルを貼ることがめずらしくない。

例えば、搾取され差別された少数民族（日本ではアイヌや沖縄の出自を持つ人々）に対し、マジョリティ出身の研究者が考古学や歴史学の概念で考察する。一見してニュートラルな概念だったらよいではないかと思う人がいるかもしれないが、当事者の意向を無視してイメージを外から当てはめることは暴力・消費となりうる。[*3] 多くの社会科学は、客観性を重視するがゆえに、困難の当事者に外部からラベルを貼って説明する。そうした外部からの概念を当てはめることは、当事者の経験をゆがめることになりうる。

他者について言及しながら、他者に対して侵害にならないような言葉はどのようなものだろうか。これは非常に難しい問いである。「共感すれば良い」という人がいるかもしれないが、共感はそんなに簡単なものではない。感情移入は単なる思い込みかもしれない。相手の意図をゆがめ、カタルシスを手にすることで相手を消費してしまうことがある。共感は語り手の経験を色眼鏡で見てゆがめうるのである。では、どうすればよいのだろう。

他者を研究しつつ尊重するためには、次のような条件を満たす必要がある。

（1）語り手の言葉を、繰り返しや言い間違いなども含めて可能な限り尊重して再録する。そうすることでその人の身体性・個別性が保存される。

（2）語られた文脈を重視するため、ただ一人の人の語りを大きく引用しながら論文化する（複数の人の語りを断片的にトピックごとにまとめて引用することをしない）。

（3）語りのディテールを尊重した分析を行う（外部からの理論や概念図式から借りた説明をあてはめない）。

（4）分析する研究者自身がどのような社会的立場に立ち、語り手とどのような関係に立つのか吟味する。

この四つの条件を満たす方法はいくつかあるだろうが、現象学もその一つである。一本の論文を一人の人の語りの分析だけで記述するときには、その人がどのような経験をしてきたのかの「かたち」が、語り手の視点から描かれた世界とともに際立ってくる。このような記述と分析に成功したときには、別の概念を加えてゆがめることや、思い込みの共感でゆがめることを可能な限り避けられる。他者表象がもつ暴力性をある程度避けることができる。

ただし、このことは両刃《もろは》の剣でもある。個人情報が消してあったとしても、その人の生き方のスタイルを赤裸々にあぶり出すので、語りを尊重すること自体が侵襲的になるリスクがある。それゆえに私自身は最初の原稿化にあたっては語り手に原稿を読んで頂き許可を得たあとに分析を公表するようにしている。

他者の言葉と経験を尊重すること、そして他者を尊重する態度を尊重すること（つまり他者への暴力を許さないこと）、このことは根本的な倫理的態度となる。現象学的な態度は根本において倫理へと導かれるのだ。

個別と偶然を擁護したときに、人は序列による縛りから解放される

一人ひとりの視点から見た世界を尊重する記述の到達点は、個別の経験をその構造や背景とともに描き出すことである。また、一人ひとりの経験は質的に異なるので、比較し得ない部分を必ず持つ。そしてこの独自の部分こそ聞き手や読者を触発する。

ちょうど、ヤングケアラーを経験した女性へのインタビューのなかにそのことを的確

に表現してくれた言葉があったので引用したい。サクラさんは母子家庭の一人っ子として育ち、うつ病で過量服薬の自殺未遂を繰り返す母親のケアを、小学生時代から続けていた。中学生のときに母親が精神科に入院したため西成のこどもの里に滞在することになり、困難を抱えた他の子どもたちと出会う。そのなかにはAさんやショウタさんもいたが、幼少時から親から離れてこどもの里で育った少女や、自宅への放火で自分の親ときょうだいを死なせた少女が登場する。

サクラさん　〔こどもの〕里に来て初めて知ったんですよ。自分と同じ、別の境遇だけど同じような苦しみを味わっている人。苦しさに誰のほうが大変とか、誰のほうがしんどい〔とか〕、絶対ないんです。
　それはだって、お買い物に毎日行かされるのが苦しい子もいるわけじゃないですか。私らからしたら、『お買い物ぐらい毎日、一人で行ってよ』って思ったとしても、それはその子にとったら、『なんで自分だけ』って思っていることかもしれないから、同じ苦しみなんですよね。

「苦しさに誰のほうが大変とか、誰のほうがしんどい〔とか〕、絶対ないんです」。ヤングケアラーの誰の経験が深刻で、誰の経験はましだ、というような比較はなりたたない。誰もがそれぞれの困難と、それぞれの状況へと応答する力を持っているということをサクラさんは経験のなかから直観している。子どもたちの経験はそれぞれの重みを持つ。この重みを尊重するためにはそれぞれの経験を丁寧に聴き取り、描き出すしかない。

『さとにきたらええやん』のポスター

それを可能にするのはもちろん現象学だけではない。例えば丁寧に作られたドキュメンタリー映画もそうである。Aさん、ショウタさん、サクラさんが滞在したこともあるこどもの里の子どもたちを主人公とした映画『さとにきたらええやん』（重江良樹監督、二〇一六）では、子どもたちを主人公として丁寧に描いている。

映画のなかで、主人公の一人が中学校の全校集会で自分には知的障害があることを告白する場面がある。彼は、日本語が自由ではない外国籍の母親と大人数のきょうだいとともに極度の貧困のなか、こどもの里のサポートを得て育ってきた人だ。全校生徒を前にしたスピーチの場面で彼は友だちからのサポートに感謝しながら、馬鹿にされることもある悔しさとともに、料理の世界で身を立てたいという希望を語る。彼は知能テストや学力テストで序列化されるこの社会のなかでの理不尽さを身にしみて感じているはずだ。しかし丁寧に彼とともにたたずむカメラにおいては、誰と比べられることもなく、友だちに囲まれている姿のままで輝く（映画は、ラッシュの段階から丁寧に本人の確認を得て公開されている）。

個別の経験を尊重することは「理念」に達する

統計的な平均値や多数項として取り出された一般性は普遍的なものではない。ナチスに追い詰められた果てにスペイン国境で自死したドイツの思想家ヴァルター・ベンヤミン（一八九二―一九四〇）は次のように書いている。

普遍的なものを平均的なものとして説明しようとするのは、本末転倒である。理念こそが普遍的なものなのだ。これに対して経験的なものは、それが極端なものとしてより精確に識別できるものであればあるほど、それだけ深く、その核心に迫りうるものとなる。概念は、この極端なものに由来する。*4

ベンヤミンは、平均によって得られる科学的な一般性とは異なる場所に普遍と理念があると考える。個別性を追求したはての極限に概念があるという。

現代社会において普遍性は、論理的な必然性か、測定の正確さか、もしくは統計によって得られると考えられている。これらの帰結は、多数のサンプルを集めてきたなかの平均値や傾向性である。「普遍性 universality」は語源からしてすべてに当てはまるということだろうから、すべてではなく大多数のサンプルに共通するものは、「一般性」「妥当性」と呼んだほうがよい。いずれにしても多数のサンプルと一般性とが結びつくときには、一人ひとりの経験が意味を持つ余地はなくなる。

個別の経験は、真理から切り離されているのだろうか。多数のなかの共通項や平均値とは異なるタイプの真理があるのではないだろうか。私は医療福祉現場で長年にわたって調査を行ってきて、実は経験の個別性がもつ真理は、他の誰にとっても真理であるのではないか、と感じている。弱い立場へと追いやられた人の経験はつねに意味を持って響いてくるからだ。ベンヤミンのいう「極端なものに由来する」「概念」は、倫理的な方向性を指し示している。つまり個別の経験が生む「概念」が、誰にとっても意味がある共通の「理念」として、倫理的な「普遍」を指し示すのだ。

この倫理的な普遍は「人権」と呼ばれるものと重なることになる。個別的経験を尊重することは、あらゆる人を尊重することを意味する。誰も取り残されない世界を目指すということにつながるのだ。

最後の第8章では、ここまでの議論から考えられる社会の組み立て方について議論して本書を閉じたい。

第8章　競争から脱却したときに見えてくる風景

最後の第8章ではこれまでの議論から見えてくる、望ましい世界の姿を描きたい。腰を据えて一人ひとりの声と言葉を聴き、解きほぐし、数値に基づく競争ではなくお互いの交流から組み立てられる社会はどのようなものだろうか。

その前にまずこれまでの議論を振り返っておこう。第1章と第2章では、私たち一人ひとりの生きづらさの背景に、客観性への過度の信頼があることを指摘した。自然も社会も心も客観化され、内側から生き生きと生きられた経験の価値が減っていき、だんだんと生きづらくなっている。

第3章と第4章では、数値が過剰に力を持った世界において、人々が競争に追いやられる様子を描いた。数値に支配された世界は、科学的な妥当性の名のもとに一人ひとりの個別性が消える世界であり、会社や国家のために人間の個別性が消されて歯車になる世界だった。序列化された世界は、有用性・経済性で価値が測られる世界でもある。弱い立場に置かれた人たちは容易に排除され、マジョリティからは見えなくされ、場合によっては生存を脅かされる。

科学の進展にともなって客観性と数値に価値が置かれ、個別の経験の生々しさが忘れられがちになった。ただし、一人ひとり異なる個別の経験をその人の視点において尊重することは、困難を抱えすき間へと追いやられた人の声を聴く努力と一体である。第5章から第7章までで、このような人の声を聴くことについて考えてきた。語りを細かく読みとることで見えてくる経験のひだを第5章では示し、第6章では生き生きとした経験の内実を、生の偶然性と変化していく多様なリズムという視点から考えた。第7章では語りと経験を捉えるための方法として現象学を提案した。

一人ひとりの声を尊重することを社会に拡げて考えると、排除される人がいないということであり、すべての人を尊重することでもある。本書に登場したさまざまな語りも、困難の渦中にいた人や苦しい人をケアする人によるものだった。誰もが取り残されることがない世界のかたちを考えることが第8章のテーマとなる。

一人ひとりの経験を尊重する世界では、お互いがお互いをケアしあうことになる。そもそも、私たちはすべて誰かからケアを受け、誰かをケアしているはずだ。あかちゃんだったときには誰かのケアを受けなければ生存することができず、病のときや死の間際にもケアを受ける。つまり生涯にわたって他の人からケアされることを必要とする。

しかも同時に、私たちは誰かをケアする。あかちゃんが親の生きがいになっているときにも、実はあかちゃんこそが親をケアしているとも言える。日常的にケアしあうだけでなく、ケアを受けていると見られている「当事者」もまたつねに誰かをケアしており、とりわけその人をケアしている支援者を支えている。そして支援する実践は、誰かにケアされていない限り続けることは不可能な仕事でもある。そもそもお互いのケアは常にどこにでもあるのだ。それならばいっそのこと、ケアを軸としてコミュニティを作ることはできないだろうか。

二一世紀の文化としてのケア

ケアを軸としたコミュニティでは、成果主義と序列化のなかで排除された人の声が伝わる道筋がある。声にならないSOSをキャッチし、生存が可能になるような道筋を考え出す。さらに、見えないすき間で困窮している人を探し出す。もちろん、その前提としてマジョリティの位置にある人が自らの特権に自覚的になるということも必要になる。

日本では二〇一九年に三九九人だった子どもの自死がコロナ禍の二〇二〇年に四九九人と過去最高を数え、二〇二二年には五〇〇人を超えた。[*1] もともと家庭で暴力など大きな困難を抱えていた子どもたちが学校という逃げ場を失ったのだろう。虐待が背景にあったかもしれない。亡くなった一人ひとりがどのような理不尽な状況にあったのかを考えると胸が痛い。そして同時期に、出入国在留管理局での非人道的な暴力が連日報道され、とりわけ二〇二一年三月六日に起きたスリランカ出身のウィシュマさんの理不尽極まりない死亡事件は多くの人が記憶しているだろう。出入国在留管理局では二一世紀にはいってから自死も含めると一八人が亡くなっている。[*2] 外国籍であるというだけの理由で、日本では人が死んでもかまわないのだ。子どもや外国籍の人といった弱い立場に置かれた人の人権が簡単に無視される国に私たちは住んでいる。

理不尽なことはたくさんある。私自身も立派な行いをしてきたわけではない。しかし、理不尽な暴力や排除・抑圧が正当化される社会や制度に抗するコミュニティを、各地で作り出してもきた人たちもいる。さまざまな意味で暗い時代であるが、競争に疲れた人たちのなかで気づきが拡がり、誰もが抱える弱さを起点とした「ケアのコミュニティ」とでも名付けられるコミュニティが密かに拡がっている。困難や傷を抱えた人たちが集まり支え合うピアサポートのコミュニティの存在が、さまざまな分野で目に見えるようになってきたのは二一世紀になってからのことである。それらは、法律や規範によってしばられる国家・会社・学校といった社会集団のすき間を縫って、オルタナティブに自発的に集まり支え合う。その形は大小さまざまである。たとえば各地に拡がってきた当事者研究のグループや、薬物依存の人たちが作ってきたダルクが思い出されるだろう。

以下では、そのような場の一つである大阪市西成区のみなさんに私が教わったことから考えたい。提案した一人ひとりの語りと経験を尊重する思考法を、社会実践にまで拡大し実現するものだ。

居場所

大阪市西成区北部という日本有数の貧困地区において、私は二〇一四年から子ども子育て支援の現場で学んできた。西成区全体で生活保護受給率が二三%、北部に限れば困難な環境のなかに暮らす家族はより多い。環境ゆえにさまざまな問題が生じているのはたしかであり、子どもについてはヤングケアラーや不登校といった課題が山積している。

ところが、虐待相談件数は過去一〇年増えてはいない。この地域では、生活保護世帯が多いだけでなく障害者手帳や療育手帳をもっている子どもや親も多く、貧困と障害という多重の困難を抱えているのが明白なだけにこの事実は驚くべきことである。

この地域に出入りしてみると、たしかに貧困は顕著なのだが、遊び場に集《つど》う子どもたちは(日本の都市部ではもはや目にしないような)エネルギーをもっている。乱暴であるが物怖《ものお》じせず、笑顔で大人も巻き込んで遊ぶ。そして子ども子育て支援に携わる対人援助職のみなさんもまた、幸せな笑顔をみせる。子どもたちのエネルギーと大人たちの明るさにこの地域の大きな魅力があり、それは法律や行政の指導による押しつけの形ではなく、子どもも大人も自らのイニシアチブでコミュニティを作っているということと連動している。

西成北部は、それほど広くはない区域のなかに複数の子どもの居場所が存在する。居場所をかけもちする子どももいれば、自分の居場所を一つに決めている子どももいる。不登校の子どもたちのために作られた場所もあるが、「こどもの里」のような〈〇歳から二〇歳までどの地域の子どもでも、障害を持っていてもいなくても〉誰もが集《つど》う遊び場〈兼緊急時のシェルター兼親元で暮らせない子どもたちのためのファミリーホーム〉もある。

これまで引用してきた、中学生のときにこどもの里に滞在することになったショウタさんは、初めて訪れたときの印象を次のように語った。

ショウタさん　最初はふさがってたんですけど、だんだん、〈小さな〉子どもって、そんなん関係なしに「遊ぼう」とか、「なんかやろうや」みたいなことを話し掛けてくるじゃないですか。そういう、こっちはふさがってるけど、向こうはがんがんくるもんやから、だんだん慣れてきて、それを受け入れられるようになってきて、子どもとも打ち解けるようになってきて。そうしたら、だんだんスタッフとも打ち解けるようになってきたんですね。〔……〕〈こどもの〉里のスタッフたちはあんまり表も裏もないっていうか、真っすぐ向き合ってくれるから、信用できるようになったですね。

ショウタさんの言葉からは、こどもの里が年齢を超えて誰もが打ち解け、お互いに信頼できるような居場所であることがわかる。「こどもの里ってどんなところ?」という私の質問に対して、ショウタさんは、次のように語った。

ショウタさん　居場所っていったらあれなんすけど、家族ですね。スタッフはお兄ちゃん、お姉ちゃんになってるし、デメキン〔館長の荘保共子《しょうほともこ》さん〕も母親やったり、おばあちゃんやったりするし。自分が一番、安心できる居場所であって、よそでいろんな失敗をしても、それを受け入れてくれるような場所だと思うんです。だから、自分がくじけても立ち直れるし、失敗しても頑張れる。里があって、受け入れてくれて、居場所があるからこそ、くじけても、失敗しても、まだ頑張れる。そんな場所ですかね。

家庭に困難を抱え、小学校も中学校も引きこもりだったショウタさんは、母親の逮捕がきっかけでこどもの里という居場所と出会ったことで他者と関わるようになり、その後の人生が開けてきた。彼は中学時代にこどもの里に滞在したのち、自分の意志で、拘置所から帰ってきた母親と暮らすことを選択している。そのとき館長の荘保共子さんは「〔どこで誰と暮らすのかは〕あなたが選びなさい、全力でサポートするから」と、ショウタさんの意志を尊重したという。子どもの声を中心にしてコミュニティを作ることは、一人ひとりの子どもの声を聴くことから始まる。統計を駆使する抽象的な制度からではなく、一人ひとりの声を尊重するところから社会を作る試みが可能となる。

アウトリーチ

困難な境遇にある子どもが安心できる居場所、声を出せる場所が大事なのは言うまでもないが、居場所だけでコミュニティが成り立つわけではない。子どもの生きづらさは、家族全体の困難を照らし出す。一人ひとりの顔から家族全体の困難、そして制度や環境の不備を見通す視線が西成にはある。子どもと親をまるごとサポートする必要があり、親の支援のために自宅を訪問する生活支援、あるいは役所や病院への同行支援も必要だろう。

たとえばショウタさんの引きこもりも、うつ病と覚醒剤依存を背負っていた母親を心配して外出ができなくなったという事情がある。母親が乳児院出身で両親の存在を知らないことに鑑《かんが》みると、母親自身が大きな困難を抱えながら育ち、生き抜いてきたのであり、まずは母親へのさまざまなサポートが必要だったのだろう。母親は覚醒剤に頼ることで生き続けてきたが、ショウタさんは「〔居場所が〕そこしかなかったから、〔母親は〕やくざのほうに行った」と語った。親子は西成区に来てから、さまざまなサポートの場につながっている。西成区では親子を支えるネットワークも何重か張り巡らされているからである。

西成区で子育て世代の家庭訪問を続けている子ども家庭支援員のスッチさんは次のように語った。

スッチさん　〔家に〕行ったときももう感覚的っていうかな、「……！」ていうような家庭もすごく、やっぱ多いし。やし、実際話しして、ドアを開けて、ほとんどがもう、

〔寝ていて〕ドアが開かへん家庭やったりとか、学校のつながりも緩かったり、子どもも行ってないっていうような状況ができてしまっている（中略）〔学校や支援団体と〕つながられへんから〔積極的な介入は見送られて〕見守りにならざるを得ないケースっていうような状況が多くって。それは、今も「〔家のなかに〕入ってみて分かる」っていうようなところは、すごく多いんじゃないかなと思っている。

精神疾患などの理由で母親が朝起きられず、家が散らかっていて、子どもが学校に通えない家庭に、スッチさんは丁寧にかかわって関係を作り、送り迎えや病院や役所への同行支援、生活のサポートを行う。継続的な関係構築のなかで少しずつ変化が生まれる。これが虐待を未然に防ぐ予防となる。もし子育てに疲れて殴りそうになったとしても、子どもが寝泊まりできるこどもの里などの居場所にショートステイすればよい。

あるいは支援を必要とする小さな子どもの家庭訪問をこの地域で続けている助産師のひろえさんは次のように語った。次の場面は、一〇代で妊娠出産したカップルの家を訪問した場面だ。日雇いの不安定な就労だったため、父親も家にいた場面である。

ひろえさん　本当に、『あ、これは〔あぶない〕！』っていう、あかちゃんにとってはもう『危険やな』っていうような状況もあったりして。だけどその父親たる、その一七〜一八の男の子が、なんかほんまにヤンキーやなと思って、『あー……〔あぶない……〕』いう感じかなって思ったら、あかちゃんの扱いは悪いんだけれども「俺らな、あかちゃん生まれたけど、誰にも祝ってもらったことないねん」って言うから。

ひろえさんはあかちゃんの身に危険を感じるが、同時に若い親が置かれている状況の過酷さを気づかう。虐待のリスクが感じられる家庭や、衣食住が整わず朝起きられない「ネグレクト」と呼ばれてしまう家庭において、多くの場合、親もまたそれぞれ大きな困難を生き抜いてきており、今現在も苦境のなかにいる。ひろえさんは「誰にも祝ってもらったことないねん」と語った若い父親の言葉を気に留めている。虐待があったとしても安易に施設入所で親子を分離してしまう対応は、むしろ問題に取り組むことをあきらめてしまった対処だろう。親も子どもも生活へのサポートを必要としており、ニーズに合わせたサポートさえ整えることができたら子どもを引き離すことなく、地域のなかで暮らすことができるかもしれない。子どもの安全安心が守れることは、子どもが誰とどのような暮らしを望むのかが大事だ。一人ひとりの声を聴く実践は一人の方の背景に横たわる社会状況を聴きとることでもある。

アウトリーチは親へだけでなく、不登校の子どもを訪問する教員や地域の支援者も含まれる。支援を受けずに独りでいる子どもを探すために（簡易宿所〔ドヤ〕など）町をたずね歩く「あおぞら保育」（わかくさ保育園）といった営みもある。西成には、妊産婦支援からはじまって学童期そしてそれ以降にいたる重層的な子育て支援のアウトリーチの仕組みがあるので、大きな困難を抱えているとしても、この町に「来たら、だいたいなんとかなる」（西成区のキャッチコピー）のだ。

どのような社会が生まれつつあるのか

おそらく、私が西成でかいまみたようなコミュニティが全国で静かに生まれつつあるのではないだろうか。有志で集まる自助グループのような小さいものもあれば、地域全体に広がる子ども支援の多職種連携のネットワークのような大きいものもあるだろう。あるいは子どもと高齢者を区別することなく困りごとを見つけ次第誰でもサポートする団体もいくつかある。住民が自発的に作ったグループもあれば、自治体の取り組みもあるだろう。それぞれの状況に応じて作られる形態は異なるだろうが、二一世紀に拡がってきたコミュニティにはある共通の性格がある。抑圧的な規範や経済的な価値によって組織するのではなくそれぞれの声と小さな願いごとによって結びつくようなコミュニティだ。

もちろん、小さなコミュニティづくりだけで現状の社会問題が解決するわけではない。西成で草の根の活動が盛んになった理由は、そもそも政治が経済活動を優先し、貧困や差別・障害のバリアなどの社会的困難を放置していたがゆえでもある。草の根の活動の存在を、政治が福祉をなおざりにする口実にしてはいけない。私たちは国家のために生きているわけではない。逆に国家は私たちが生きることをサポートする義務を負う。大文字の政治がなすべきことは大きい。そして大文字の政治においてこそパラダイムチェンジが必要だろう。このとき、一人ひとりの声から出発してボトムアップでうまれる小さな社会の理念は、大きな制度を変えるためのモデルともなるはずだ。

それゆえ、大きな制度について根本的な改善点を指摘しておきたい。今の福祉制度は年齢制限や障害の等級で支援を区切るため、不可避的に「すき間」に追いやられる人を生む。このすき間を生まない制度設計はぜひとも必要であろう。要点は三つあるように思える。

（1）制度的な排除と抑圧を解除する

私が草の根のコミュニティを称揚する理由の一つには、日本では上からの制度がしばしば抑圧的かつ排除を生むように働いていることが挙げられる。不条理な校則をもつ学校や、子どもが学ぶ権利や意見を言う権利、外部と連絡を取り続ける権利が奪われる児童相談所の一時保護所など、人権が構造的に侵害される制度が見られる。国家が人を管理し、生産性を高めるという人間不在の視点を取っていることの帰結だろう。[*3] さらには、（我が身を振り返ってもマジョリティゆえの特権をもつ）個人が管理的制度の視点を内面化し、弱い立場にいる人を抑圧・排除しようとしてしまう。

（2）誰も取り残されない社会、誰もが生活に不安を持たずにすむ社会を目指す

一人ひとりの視点に立ち、すき間を作らないためには全員をカバーする制度が必要になる。弱者に配慮するだけではなく、全員が安心できるプラットフォームが必要だ。国籍や戸籍、滞在許可証、社会属性、収入にかかわらず、すべての人の基本的人権・生活・環境を保障する必要がある。ユニバーサルな、教育、福祉、医療のサービスは議論の基盤となる。全員にいきわたるサービスを志向することで、すき間が生まれにくくなる。

（3）ケア労働を正当に評価する

「弱肉強食」ではなく「人は弱い」ということを前提とした制度設計が必要である。無償のケア労働におけるジェンダー不平等、無償の家族介護を前提とした介護保険制度、あるいは福祉・介護職における非正規労働・低賃金、そして広義にはケアワーカーであるといえる小中高の教員をしばる労働条件は、家父長制と経済偏重が生んだ弊害だ。ケ

アワーカーは社会が成り立つための不可欠の主体であり、ケアを軸として社会を考えるという視点からも、ジェンダーと経済の両面で現在の価値観を逆転するべきだろう。[*4]

ボトムアップで作る社会

本書の最後にボトムアップでつくる社会の試みについて、私が大阪市西成区に通うなかで学んだ要点をとりあげたい。

(1) かすかなSOSへのアンテナ

困難の当事者はどんな境遇でもなにかのサインを出す力を持っている。このサインは子どもの窃盗や、親からの虐待・ネグレクトというような「問題」と呼ばれうる形を取るかもしれないし、怒りを爆発させるような屈折したコミュニケーションという姿を取ることが少なくないだろう。しかしこれらは逆境から訴えるSOSでもある。西成区で長年妊産婦の訪問事業に携わってきた助産師のひろえさんは、かつて勤務した病院での場面を次のように語った。

ひろえさん　今ね、ふっと思い出したの、芦原《あしはら》病院の場面が。「おかっぱ、呼べ！」とか言って、外来で呼ばれて。産婦人科の外来で、私、奥のほうにいてたと思うんですね。他の仕事してた。〔その子が〕受付に来てさ、名前は覚えてないんやろうね。だから「おかっぱ呼べ！」とか言われて、『おかっぱっていったら私のことやな』と思って、『何怒られるかな』と思ったら、一七の、もうすごいヤンキーの子がおってね。フフ、で、私を呼ぶわけ。〔……〕私のことは「ひろえさん」って言わんと「おかっぱ！」って言うんで。でもその子にしたら、『初めて人を呼んだな』っていうような。それまでは一七歳か一六ぐらいで妊娠して来ても、うわーって、もう横向いて、一言もしゃべらんのが、なんか「困ったから来た」っていう感じでね。で、まあそういうつながりが、なんかできていくわけですよ。

「ヤンキー」のような妊娠した一〇代の少女が産婦人科の受付で「おかっぱ、呼べ！」と怒鳴りつける。ひろえさんにはこの言葉が「困ったから来た」と聞こえるのだ。つまり少女の言いがかりをかすかなSOSとしてキャッチする。そして少女の方も、おそらくは「お金がない」「彼氏がいなくなった」「殴られた」というような窮状を聞き届けてくれるのがひろえさんだと感じ取って病院にやって来る力を持っている。つまり少女とひろえさん双方の力があいまって出会いが生じている。

当事者のシグナルを「SOS」としてキャッチできたときに初めてシグナルはSOSとなる。SOSを出す当事者の力と、なにかのシグナルをかすかなSOSとしてキャッチする周囲のアンテナの双方が出会ったところで、初めて一人ひとりの声として活きてくる。そもそも困難の当事者が語るための環境が今の日本社会には十分であるとはいえない。例えば、学校において子どもが意見を言うことがはばかられる（そもそも教員も自分の意見を言うことができない）というのは端的にそれを象徴しているだろう。子どもが意見を表明し、意思決定に参加する権利は、守られているとはまだいえない。つまり小さな社会づくりは弱い立場に置かれた声を聴くところから始まる。

さて、地域社会でSOSをキャッチし、声を聴き取っていくためには、〈アウトリーチ〉と〈居場所〉という二つの基本的な活動が必要になる。

（2）すき間に追いやられて見えなくされている人を探すアウトリーチ

西成区では多層にわたってアウトリーチの網の目が作動している。

自ら声を出せない、見えないところに追いやられている人と、顔の見える関係として出会っていく必要がある。路上の子どもを探すあおぞら保育や、労働支援団体が路上生活者の人たちに歩いて根気よく声かけをしていく活動は、まさにすき間を探して出会う活動に相当するだろう。すき間は生じないに越したことはないし、誰もが声を挙げることができる環境が望ましいが、現実はすき間を生み出す社会であり、声を挙げられない人がいるのだから、すき間を探していくしかない。

（3）生活を支えるアウトリーチ

子ども子育て支援という文脈で考えると、助産師による家庭訪問から、乳児保育を利用した保育園での生活支援、そこから困難を抱えた家庭への送迎支援や学校教員やソーシャルワーカーの訪問、病院や役所への同行支援や場合によっては家事の支援など、重層的にアウトリーチのネットワークを整える。子どもが衣食住で困ることなく暴力を受けることもなく幸せに生活するためには、親も含めて家族全体の生活を支えないといけない。

今まで「ネグレクト」や「不登校」とネガティブにラベリングされていた家庭について、困りごとに焦点をあてて「ヤングケアラー」として発見されるケースがでてきた。この場合誰かを悪者にすることなく、社会が親子の生活を支えることで、子どもが自分の人生を歩みつつ、望むのであれば親子がともに地域で暮らしていくことができるようになることが理想だろう。

（4）複数の居場所

かつて路上生活を強いられた人が多数いた西成の町は、居宅をもつことが生存の最低限の条件であり、ハウジングが極めて重要な支援であることを教えてくれる。しかし住む場所だけでは生存の条件は不足している。

人は自分の存在が無条件に肯定される場を必要とする。自分の体が落ち着けるようなそういう場所も必要だ。その場所は、自宅ではなく、他の人がともにいる場所であり、それゆえに自分の存在を肯定してくれる居場所である。居場所は安心できて落ち着ける場所というだけでなく、誰もが利用できて力関係が弱い場所、遊びの場、何をしてもよい場、何もしなくてよい場、声を発することができる場所、語り合える場、沈黙できる場、いつでも帰ってこられる場所、社会で失敗しても戻ってくることができる場所といった多様な意味を帯びる。さらに居場所をメタファーとして考えると、すき間へと追いやられた人が自ら声を上げることを可能にする環境という意味も持つだろう。

居場所は、仕事や学校といった社会活動から少しだけ身を引く安心の場であり、かつそこを起点として社会へと関係が拡《ひろ》がっていく、そういう場でもある。それゆえに居場所は自宅ではない。

複数の居場所が地域にあれば、どこかに自分が落ち着ける場所と出会うことができるだろう。自宅と学校・職場以外にそのような場を持つこと、フラットな関係を築き誰かを頼れる居場所を持つ地域であること、これは自分自身の生存を無条件に肯定する資源である。本当は子どもだけでなく大人にもこういう場所が必要であろう。

重層的なアウトリーチでケアしケアされること、複数の居場所が利用可能であること、このような場が熟成したときに一人ひとりの声が聴き取られる、これが西成で私が見出《みいだ》したものである。

本書では客観性と数値を盲信することに警鐘を鳴らした。顔の見えないデータや制度からではなく、一人ひとりの経験と語りから出発する思考方法を提案した。この思考は社会的な困難のなかにいる人、病や差別に苦しむ人の声を尊重する社会を志向することにつながる。

一人ひとりの顔と声から出発して社会を作ること、そのような社会をモデルとして大きな制度を考えること、ヒントは、西成のように困難が集積した地域にこそあるのではないか。というのは、そこでは制度的な支援だけでは生存と安全を保障できないがゆえに、目の前にいる一人ひとりの顔と声を起点としてコミュニティを作ってきたからだ。このような小さな場所こそが、すべての人の生存と尊厳が保障されるような社会であり、来るべき社会制度のモデルなのではないだろうか。そして一人ひとりの声を聴きとり解きほぐしていく現象学は、このような小さな相互ケアの社会の生成を模倣するとともに、このようなコミュニティを解き明かす役割を担いうる。

あとがき

本書の執筆のきっかけは二〇二〇年にちくまプリマー新書の編集者橋本陽介さんからお声掛けをいただいたことだった。私がツイッターで以下のようにつぶやいたことに日を留めて、「本を書いてみませんか」とお誘いくださったのだ。

学生のコメントカードに「それは客観的なのですか?」とか「客観的に見てみたいと思いました」というのがよくある。

こちらは「客観=真理というのが錯覚だ」、「量的研究も研究のセッティングで恣意的なのだからどっちが正しいとは言えない」と繰り返してるのだが、客観性信仰・統計信仰が根深い。(二〇一九年七月四日)

このことは以前からずっと考えていたことだったのだが、伝えたいことを整理するのに三年かかり、二〇二二年になって書き始めた。自分一人では書こうと思い切れなかったテーマだが、自分にとって大事な内容であり、ご提案いただいて長期間待っていただいた橋本さんには感謝しかない。

実際のところ、大学で教えていると学生たちが苦しそうに感じることは少なくない。競争と勤勉さという社会規範に多くの若者はますます従順になっていると感じるが、同時に別のタイプの生き方を探す人も少ないながら見られる。どちらにしても、「競争とは別の方向性もあるのでは」と考えるためのヒントになるとうれしい。現代の読者を想定しているが、主張自体は一〇〇年後も一〇〇〇年後も人類が生存している限りは妥当するであろう。そもそも数字と競争に追われることになったのは、数百万年の人類の歴史のなかでたかだかこの二〇〇年間の西欧型社会においてだけである。

書くべき内容は章立てを作った時点ではっきりしたのだが、専門外のことについて触れるためらいもあった。客観性や数字を用いる科学は不要だと主張しているわけではなく、「真理はそれ以外にもある」「一人ひとりの経験の内側に視点をとる営みは重要だ」とつぶやきたいだけだということはご理解いただけたら幸いであり、決して既存の科学そのものを批判する意図があるわけではない。

私の勉強不足で不十分なところも多いと思うがご批判は甘受したい。本書の眼目はものの考え方の大きな軸を示すことなので、それが伝わっていることを願うばかりだ。執筆にあたっては北海道大学の石原真衣さんに貴重なアドバイスを頂いた。

荘保共子《しょうほともこ》さん、スッチさん、ひろえさん、ショウタさん、Aさん、春木ひかるさん、Cさん、Eさんはじめ、今まで私の著作に登場した研究協力者のみなさんにもあらためてお礼を申し上げたい。インタビューを丁寧に分析する現在の研究の経験を積んだことで、どのように科学技術とは別の価値、別の学問を提示したら良いのかを語る土台が手に入った。直接的には私が出会った困難の当事者のみなさんや対人援助職のみなさんに教わったさまざまな「経験」と「語り」こそが、本書の出発点である。

書き終わってみると、本書は「私にとっての現象学入門」とも言うべき性格を持つことにもなった。ただしこの「現象学」は古典を読みこむ哲学史研究ではない。フッサールとメルロ＝ポンティからインスパイアされつつ、私たちのグループが自分たちでデータを取りながら自力で進めている生き生きとした現象学実践のことである。授業や臨床実践の現象学会で歩みをともにしているみなさんにも感謝したい。私たちの営みが、現代の学問のなかそして社会全体のなかでどのような意味を持つのかを示す機会をいただけたのは幸運だった。

二〇二三年春の大阪にて

初出一覧
第8章：村上靖彦「ケアから社会を組み立てる」『世界』岩波書店、九五二巻、二〇二二年一月号（大幅に加筆修正した）
他の章は書き下ろし

注

はじめに

*1　Weeks, R., & Widom, C. S. (1998) Self-reports of early childhood victimization among incarcerated adult male felons. Journal of Interpersonal Violence, 13(3). pp. 346

第1章

*1　ロレイン・ダストン、ピーター・ギャリソン『客観性』瀬戸口明久他訳、名古屋大学出版会、二〇二一、二二四頁

*2　Descartes, R. (1967). Oeuvres philosophiques, tome II (1638-1642). Paris: Garnier.（デカルト『省察』山田弘明訳、ちくま学芸文庫、二〇〇六）

*3　松村一志『エビデンスの社会学――証言の消滅と真理の現在』青土社、二〇二一、二〇三頁

*4　松村、同書、二六八頁

*5　松村、同書、二六九―二七三頁

*6　「理化学研究所研究論文の疑義に関する調査委員会、研究論文の疑義に関する調査報告書」（二〇一四）（理化学研究所：http://www3.riken.jp/stap/j/f1document1.pdf：二〇二三年一月二二日最終閲覧）

*7　ロレイン・ダストン、ピーター・ギャリソン、前掲書、第2章

*8　ゲオルク・エーレット（https://ja.wikipedia.org/wiki/%E3%83%AA%E3%83%B3%E3%83%8D%E

5%BC%8F%E9%9A%8E%E5%B1%A4%E5%88%86%E9%A1%9E%E4%BD%93%E7%B3%BB：二〇二三年三月九日最終閲覧）
＊9　ロレイン・ダストン、ピーター・ギャリソン、前掲書、四五頁
＊10　同
＊11　松村一志、前掲書、二七八頁
＊12　ロレイン・ダストン、ピーター・ギャリソン、前掲書、一三二頁
＊13　同書、一五〇頁
＊14　同書、一一〇頁
＊15　「〔機械的客観性が目指したような〕人間の解釈に汚されていない図像をつくったり、解釈抜きに機器を読み取ったりするだけではもはや十分でない。機械的客観性は科学的表象における理想化や審美性を厳格に放棄した。構造的客観性は表象すべてを捨て去った」（同書、二〇八頁）
＊16　同書、二一〇、二一四頁
＊17　アンリ・ポアンカレ『科学の価値』吉田洋一訳、岩波文庫、一九七七、二七八頁
＊18　しかし客観性を追求する努力が進んだ結果、計測や描写から主観性の介入を排除することが極めて困難であり最終的には無理であろうことも、二〇世紀初期にいたるなかで科学者たちの共通了解となっていく（ロレイン・ダストン、ピーター・ギャリソン、前掲書、一五六頁）。奇妙なことに数学的な構造へと客観性の位置が動くにともなって、煩雑なデータから構造を直観でつかむ研究者の経験も再び重要になってくるという（同書、二六二頁）。機械的に真理にいたることもできるが、迂遠な道であり、訓練によって熟達した研究者の直観が重視されるのだ。
＊19　このことは私たちもその一部である自然、私たちがそのなかで生きている自然がそもそも外からの

視点では捉えられないものではないかということを暗示している。自然を生成・発現と同一視したハイデガーのようにそのことを強調した哲学者もいる。

第2章

＊1　エミル・デュルケーム『社会学的方法の規準』菊谷和宏訳、講談社学術文庫、二〇一八、五三頁

＊2　同書、八二頁

＊3　デュルケーム『自殺論』宮島喬訳、中公文庫（改版）、二〇一八、四一八頁

＊4　デュルケーム、前掲書、一一六頁

＊5　同書、一一九頁

＊6　小田中直樹『歴史学のトリセツ――歴史の見方が変わるとき』ちくまプリマー新書、二〇二二、五三―五四頁

＊7　もちろん歴史は単線的に進むわけではない。自然を対象化することなく人間の経験と一体のものとして捉える思想はおそらくスピノザ、ライプニッツ、シェリングといった系譜でたどることができるが本書では割愛する。

＊8　高橋澪子『心の科学史――西洋心理学の背景と実験心理学の誕生』講談社学術文庫、二〇一六、一四五頁

＊9　同書、一九〇頁

＊10　同書、二〇六頁

＊11　同書、三三五頁

＊12　同書、三三五頁

＊13　もちろん、メカニズムやデータとして考えることで明らかになることはたくさんあるので、その価値を否定したいわけではない。人格的交流における心と、脳の生理学的なメカニズムとのあいだがどう関係をむすぶのかについては、現代の哲学において「意識のハードプロブレム」という名前で知られている難問だ（ヴィラヤヌル・S・ラマチャンドラン、サンドラ・ブレイクスリー『脳のなかの幽霊』山下篤子訳、角川文庫、二〇一一）。
＊14　ジェイムズ・クリフォード、ジョージ・マーカス『文化を書く』春日直樹他訳、紀伊國屋書店、一九九六

第3章

＊1　朴沙羅『ヘルシンキ生活の練習』筑摩書房、二〇二一、一七三頁
＊2　同書、二五三頁
＊3　福田誠治『競争やめたら学力世界一――フィンランド教育の成功』朝日新聞出版、二〇〇六、五四頁
＊4　同書、七一―七二頁
＊5　桑田昭三『よみがえれ、偏差値――いまこそ必要な入試の知恵』ネスコ、一九九五、「偏差値の生みの親・桑田昭三氏へのインタービュー」特定非営利活動法人全国語学教育学会、Newsletter, 14(2), 2010.10:https://hosted.jalt.org/test/PDF/Kuwata-j.pdf：二〇二三年一月二九日最終閲覧）
＊6　宮野真生子、磯野真穂『急に具合が悪くなる』晶文社、二〇一九、二八―二九頁、強調は原文
＊7　イアン・ハッキング『偶然を飼いならす――統計学と第二次科学革命』石原英樹・重田園江訳、木鐸社、一九九九、七―八頁

＊8　「これまでそれほど注目されていないが、一八四四年にケトレは、〔……〕個々の身体に関する特定の蓋然誤差を伴った数値に関する測定理論を、人口集団の理念的、抽象的性質に関する測定理論に変形したのである。両者とも同形式の処理を施すことが可能であったために、両者ともにリアルな実態になったのである。これは〈偶然の飼いならし〉において決定的な段階であった。これは、大きな規模でみた場合の規則性を記述しているに過ぎなかった統計法則が、根底にある真理や原因を扱う自然や社会の法則に変化していく始まりを意味している」（同書、一五八頁）

＊9　同書、一五八頁

＊10　「〔ブルジョワや労働者といった〕社会階級の代わりにあらわれるのは、もはや家族という安定した準拠枠ではない。個々人が、社会的な生活世界における再生産単位となっているのだ。あるいはこうも言えよう。個々人が、家族の内外で、市場に媒介された生活保障およびそれと関連する人生設計・組織化の行為者となる」（ウルリヒ・ベック『危険社会——新しい近代への道』東廉、伊藤美登里訳、法政大学出版局、一九九八、一四二頁）

＊11　このような自発的な服従はとはいえ現代の発明ではなく、一六世紀から問題になっていた。エティエンヌ・ド・ラ・ボエシ『自発的隷従論』西谷修監修、山上浩嗣訳、ちくま学芸文庫、二〇一三

＊12　平野孝典「規範に同調する高校生」、友枝敏雄編『リスク社会を生きる若者たち——高校生の意識調査から』、大阪大学出版会、二〇一五、二一九頁

第4章

＊1　ジョン・スチュアート・ミル『功利主義』関口正司訳、岩波文庫、二〇二一、九〇—九一頁

＊2　藤井渉『ソーシャルワーカーのための反『優生学講座』——「役立たず」の歴史に抗う福祉実践』

現代書館、二〇二二、一〇八―一一二頁
＊3　「障害者総合支援法における就労系障害福祉サービスには、就労移行支援、就労継続支援A型、就労継続支援B型、就労定着支援の四種類のサービスがあります。
・就労移行支援
就労を希望する障害者であって、一般企業に雇用されることが可能と見込まれる者に対して、一定期間就労に必要な知識及び能力の向上のために必要な訓練を行います。
・就労継続支援A型
一般企業に雇用されることが困難であって、雇用契約に基づく就労が可能である者に対して、雇用契約の締結等による就労の機会の提供及び生産活動の機会の提供を行います。
・就労継続支援B型
一般企業に雇用されることが困難であって、雇用契約に基づく就労が困難である者に対して、就労の機会の提供及び生産活動の機会の提供を行います。
・就労定着支援
就労移行支援等を利用して、一般企業に新たに雇用された障害者に対し、雇用に伴う生じる日常生活又は社会生活を営む上での各般の問題に関する相談、指導及び助言等の必要な支援を行います」厚生労働省による説明。https://www.mhlw.go.jp/stf/seisakunitsuite/bunya/hukushi_kaigo/shougaishahukushi/service/shurou.html（二〇二二年九月九日最終閲覧）
＊4　堀内進之介『データ管理は私たちを幸福にするか？――自己追跡の倫理学』光文社新書、二〇二二
＊5　玉手慎太郎『公衆衛生の倫理学――国家は健康にどこまで介入すべきか』筑摩選書、二〇二二、六四頁

＊6　https://mainichi.jp/articles/20221218/k00/00m/040/138000c（二〇二二年一二月一九日最終閲覧）
＊7　エドウィン・ブラック『弱者に仕掛けた戦争──アメリカ優生学運動の歴史』貴堂嘉之監訳、西川美樹訳、人文書院、二〇二二、五〇頁
＊8　同書、一二八頁
＊9　同書、一七三頁
＊10　「新出生前診断（NIPT＝Noninvasive prenatal genetic testing）を受けた妊婦のうち、陽性が確定した人の九割が中絶──。日本医学会が認定した、検査の実施施設でつくるNIPTコンソーシアムが行った調査は、厳しい現実を浮き彫りにした。
　NIPTは、妊婦の血液から、ダウン症など胎児の疾患の可能性を推定する検査だ。調査によると、二〇一三年四月〜二〇二一年三月に検査を受けた一〇万一二一八人のうち、陽性だったのは一八二七人。羊水検査などで陽性が確定したのは一三九七人で、そのうち一二六一人が中絶を選んでいた」（東京新聞二〇二二年三月二四日朝刊：https://sukusuku.tokyo-np.co.jp/birth/53583/ ＊：二〇二二年一二月三〇日最終閲覧）
＊11　横田弘『障害者殺しの思想』現代書館（増補新装版）、二〇一五（原著は一九八〇）、七頁
＊12　同書、四八頁
＊13　（RKB毎日放送 報道制作局次長 兼 東京報道部長 神戸金史宛の書簡：https://note.com/tbsnews/n/n456bf8cc5964（二〇二〇年五月二一日最終閲覧）
＊14　『津久井やまゆり園利用者支援検証委員会中間報告書』（二〇二〇年）（https://www.pref.kanagawa.jp/documents/62352/r20518kousei01_2.pdf：二〇二三年一月二三日最終閲覧）
＊15　「法益たる資格が甚だしく損なわれたがために、生を存続させることが、その担い手（＝家族や医

療職）自身にとっても、社会にとっても一切の価値を持続的に失ってしまったような人の命というものはあろうか」（森下直貴、佐野誠編著『新版「生きるに値しない命」とは誰のことか——ナチス安楽死思想の原典からの考察』中公選書、二〇二〇、四六頁）

＊16 安楽死については以下を参照。安藤泰至『安楽死・尊厳死を語る前に知っておきたいこと』岩波ブックレット、二〇一九

＊17 森下、佐野、前掲書、五四頁

＊18 同書、八五頁：訳語を一部変更した。

第5章

＊1 拙著『摘便とお花見——看護の語りの現象学』『在宅無限大——訪問看護師がみた生と死』（共に医学書院）、『子どもたちがつくる町——大阪・西成の子育て支援』（世界思想社）、『「ヤングケアラー」とは誰か——家族を〝気づかう〟子どもたちの孤立』（朝日新聞出版）で具体的に展開している。

第6章

＊1 フッサールの時間論や身体論、ベルクソンの時間論は、このような経験のダイナミックな時空間構造の基盤を探究しようとしたものであり、道を切り開いた。

＊2 九鬼周造『偶然性の問題』岩波文庫、二〇一二

＊3 同書、四八頁

＊4 同書、二〇頁

＊5 同書、一五九—一六〇頁

＊6　同書、二四八頁
＊7　同書、二四二頁
＊8　宮野真生子、磯野真穂、前掲書、一七三頁
＊9　同書、一七三―一七四頁
＊10　ハッキング、前掲書、一四頁
＊11　「日本人が一生のうちにがんと診断される確率は（二〇一九年データに基づく）男性六五・五％（二人に一人）女性五一・二％（二人に一人）」https://ganjoho.jp/reg_stat/statistics/stat/summary.html（国立がん研究センター「最新がん統計」二〇二三年一一月二八日最終閲覧）
＊12　川端愛『進行がんを患うひとが語る「死」』日本看護協会出版会、二〇二三、一七頁（原著者による強調は消した）
＊13　日高直保「がんサバイバーの「揺れ」と変化に関する一検討――Aさんのライフヒストリーから」『年報人間科学』（大阪大学人間科学研究科）、二〇二二：引用ではAさんをYさんに変更した。
＊14　語りと意味を重視した心理学者であるジェローム・ブルーナーは次のように語る。トラブルとは偶然の出来事によって人生の流れが攪乱されることである。
「トラブルというまさにその概念が前提としているのは、行為は目的によく合致していなければならないということ、手段は場面に適合していなければならないということなどである。（中略）ストーリーは完結に向けて正当化できるように正当性の範囲内での探求を試みる。トラブルが除かれない時は、トラブルはおおまかに説明されて、ストーリーは「リアルな生活そっくり」になる」（ジェローム・ブルーナー『意味の復権』ミネルヴァ書房、二〇一六、七二頁：訳語に変更を加えた）
　トラブルは意味づけられてストーリーのなかに回収されないといけないのだが、意味づけできない部分

が残る。このようなトラブルがあるがゆえにストーリー（語り）もまた「リアルな生活そっくり」すなわちリアルになる。トラブルこそがリアルを保証し、ストーリーを生き生きと駆動するということである。
＊15　他の箇所でも、外からやって来る出来事について「どんどん」が使われた：「患者さんが、新しいことをどんどんどんどん迎え入れていかなきゃいけない」。

第7章

＊1　エドムント・フッサール『現象学の理念』立松弘孝訳、みすず書房、二〇〇〇
＊2　マルティン・ハイデッガー『ハイデッガー全集63　オントロギー（事実性の解釈学）』篠憲二訳、東京大学出版会（オンデマンド版）、二〇二二
＊3　石原真衣「思想として消費される〈アイヌ〉」、『思想　特集「北海道・アイヌモシリ――セトラー・コロニアリズムの一五〇年」』一一八四号、二〇二二
＊4　ヴァルター・ベンヤミン『ドイツ悲劇の根源　上巻』浅井健二郎訳、ちくま学芸文庫、一九九九、三四頁

第8章

＊1　「コロナ禍における児童生徒の自殺等に関する現状について」（文部科学省：二〇二一年二月一五日：https://www.mext.go.jp/content/20210216-mxt_jidou01-000012837_003.pdf：二〇二一年一〇月一五日閲覧）「昨年の子ども自殺、過去最悪の５１２人……４割が男子高校生」
　読売新聞二〇二三年二月二八日（yomiuri.co.jp/national/23228-OYTIT0221/：二〇二三年三月九日最終閲覧）

＊2　東京弁護士会「入管収容問題に関する年表について」(https://www.toben.or.jp/know/iinkai/foreigner/news/post_17.html：二〇二三年一月二七日最終閲覧)
＊3　「日本は子どもの幸福度（結果）の総合順位で二〇位でした（三八カ国中＊）。しかし分野ごとの内訳をみると、両極端な結果が混在する「パラドックス」ともいえる結果です。身体的健康は一位でありながら、精神的幸福度は三七位という最下位に近い結果となりました。」（ユニセフ報告書「レポートカード16」「先進国の子どもの幸福度をランキング　日本の子どもに関する結果」、二〇二一、https://www.unicef.or.jp/report/20200902.html：二〇二二年一二月一〇日最終閲覧）
＊4　ケア・コレクティブ『ケア宣言――相互依存の政治へ』岡野八代他訳、大月書店、二〇二一

参考文献

安藤泰至『安楽死・尊厳死を語る前に知っておきたいこと』岩波ブックレット、二〇一九
ウルリヒ・ベック『危険社会――新しい近代への道』東廉、伊藤美登里訳、法政大学出版局、一九九八
ヴァルター・ベンヤミン『ドイツ悲劇の根源　上巻』浅井健二郎訳、ちくま学芸文庫、一九九九
エドウィン・ブラック『弱者に仕掛けた戦争――アメリカ優生学運動の歴史』貴堂嘉之監訳、西川美樹訳、人文書院、二〇二二
ジェローム・ブルーナー『意味の復権――フォークサイコロジーに向けて』岡本夏木、仲渡一美、吉村啓子訳、ミネルヴァ書房、二〇一六
ジェイムズ・クリフォード、ジョージ・マーカス『文化を書く』春日直樹他訳、紀伊國屋書店、一九九六
ロレイン・ダストン、ピーター・ギャリソン『客観性』瀬戸口明久他訳、名古屋大学出版会、二〇二一
エティエンヌ・ド・ラ・ボエシ『自発的隷従論』西谷修監修、山上浩嗣訳、ちくま学芸文庫、二〇一三
Descartes, R. (1967). OEeuvres philosophiques, tome II (1638-1642). Paris: Garnier.（デカルト『省察』山田弘明訳、ちくま学芸文庫、二〇〇六）
エミル・デュルケーム『自殺論』宮島喬訳、中公文庫（改版）、二〇一八
エミル・デュルケーム『社会学的方法の規準』菊谷和宏訳、講談社学術文庫、二〇一八
藤井渉『ソーシャルワーカーのための反『優生学講座』――「役立たず」の歴史に抗う福祉実践』現代書館、二〇二二

福田誠治『競争やめたら学力世界一――フィンランド教育の成功』朝日新聞出版、二〇〇六
イアン・ハッキング『偶然を飼いならす――統計学と第二次科学革命』石原英樹・重田園江訳、木鐸社、一九九九
マルティン・ハイデッガー『ハイデッガー全集63　オントロギー（事実性の解釈学）』篠憲二訳、東京大学出版会（オンデマンド版）、二〇二一
日高直保「がんサバイバーの「揺れ」と変化に関する一検討：Aさんのライフヒストリーから」『年報人間科学』（大阪大学人間科学研究科）、二〇二二
堀内進之介『データ管理は私たちを幸福にするか？――自己追跡の倫理学』光文社新書、二〇二二
エドムント・フッサール『現象学の理念』立松弘孝訳、みすず書房、二〇〇〇
石原真衣「思想として消費される〈アイヌ〉」『思想　特集「北海道・アイヌモシㇼ――セトラー・コロニアリズムの150年」』一一八四号、二〇二二
ケア・コレクティブ『ケア宣言――相互依存の政治へ』岡野八代他訳、大月書店、二〇二一
川端愛『進行がんを患うひとが語る「死」』日本看護協力出版会、二〇二三
九鬼周造『偶然性の問題』岩波文庫、二〇一二
桑田昭三『よみがえれ、偏差値――いまこそ必要な入試の知恵』ネスコ、一九九五
松村一志『エビデンスの社会学――証言の消滅と真理の現在』青土社、二〇二一
宮野真生子、磯野真穂『急に具合が悪くなる』晶文社、二〇一九
森下直貴、佐野誠編著『新版「生きるに値しない命」とは誰のことか――ナチス安楽死思想の原典からの考察』中公選書、二〇二〇
ジョン・スチュアート・ミル『功利主義』関口正司訳、岩波文庫、二〇二一

小田中直樹『歴史学のトリセツ——歴史の見方が変わるとき』ちくまプリマー新書、二〇二二
朴沙羅『ヘルシンキ生活の練習』筑摩書房、二〇二一
アンリ・ポアンカレ『科学の価値』吉田洋一訳、岩波文庫、一九七七
ヴィラヤヌル・S・ラマチャンドラン、サンドラ・ブレイクスリー『脳のなかの幽霊』山下篤子訳、角川文庫、二〇一一
高橋澪子『心の科学史——西洋心理学の背景と実験心理学の誕生』講談社学術文庫、二〇一六
玉手慎太郎『公衆衛生の倫理学——国家は健康にどこまで介入すべきか』筑摩選書、二〇二二
友枝敏雄編『リスク社会を生きる若者たち——高校生の意識調査から』大阪大学出版会、二〇一五
Weeks, R., & Widom, C. S. (1998) Self-reports of early childhood victimization among incarcerated adult male felons. *Journal of Interpersonal Violence*, 13(3). pp. 346
横田弘『障害者殺しの思想』現代書館、二〇一五
「偏差値の生みの親・桑田昭三氏へのインタービュー」特定非営利活動法人全国語学教育学会、Newsletter, 14(2), 2010.10.
「コロナ禍における児童生徒の自殺等に関する現状について」文部科学省、二〇二一
「入管収容問題に関する年表について」東京弁護士会、二〇二三
『津久井やまゆり園利用者支援検証委員会中間報告書』津久井やまゆり園利用者支援検証委員会、二〇二〇
「理化学研究所研究論文の疑義に関する調査委員会、研究論文の疑義に関する調査報告書」理化学研究所、二〇一四
「先進国の子どもの幸福度をランキング　日本の子どもに関する結果」ユニセフ報告書「レポートカード

16」、二〇二二

インタビューデータの初出

村上靖彦『在宅無限大――訪問看護師がみた生と死』医学書院、二〇一八
井部俊子、村上靖彦編著『現象学でよみとく　専門看護師のコンピテンシー』医学書院、二〇一九
村上靖彦『子どもたちがつくる町――大阪・西成の子育て支援』世界思想社、二〇二一
村上靖彦『「ヤングケアラー」とは誰か――家族を〝気づかう〟子どもたちの孤立』朝日新聞出版、二〇二二

chikuma primer shinsho

ちくまプリマー新書427
客観性《きゃっかんせい》の落《お》とし穴《あな》

二〇二三年六月十日　初版第一刷発行
二〇二四年十月五日　初版第十刷発行

著者　村上靖彦（むらかみ・やすひこ）
装幀　クラフト・エヴィング商會
発行者　増田健史
発行所　株式会社筑摩書房
東京都台東区蔵前二-五-三　〒一一一-八七五五
電話番号　〇三-五六八七-二六〇一（代表）
印刷・製本　中央精版印刷株式会社

ISBN978-4-480-68452-3 C0295 Printed in Japan